ANTJE VON STEMM

PAPER MAGIC

Haupt
GESTALTEN

ANTJE
VON STEMM

PAPER MAGIC

23 magische Objekte, Tricks
und Spiele für Kinder

HAUPT VERLAG

HALLO UND WILLKOMMEN!

In diesem Buch findest du Anleitungen für ganz unterschiedliche magische Objekte, Tricks und Spiele aus Papier.

Die meisten der Papierobjekte lassen sich ziemlich schnell basteln, in 30 Sekunden bis 20 Minuten bist du damit fertig!

Manchmal helfen dir beim Basteln kurze Videoanleitungen – überall, wo du einen QR-Code entdeckst, findest du so ein Video.

Außerdem verraten wir dir in einem Extrakapitel hinten im Buch lauter Basteltricks. Dann kann ja nichts mehr schiefgehen, oder?

Aber wieso sind die Objekte überhaupt magisch? Weil du die meisten der Papierideen wie Zaubertricks vorführen kannst. Sie sind super für Mini-Vorführungen oder kleine Challenges geeignet.

SCAN ME!

VORHANG AUF FÜR PAPER MAGIC!

INHALT

MAGISCHER QUATSCH

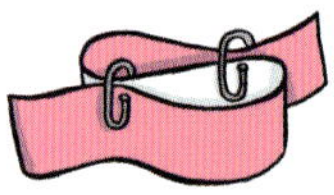
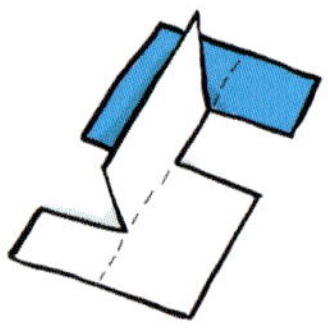

MAGISCHE TRICKS

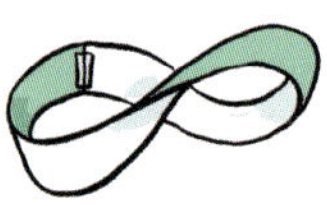

MAGISCHES GEFLÜGEL

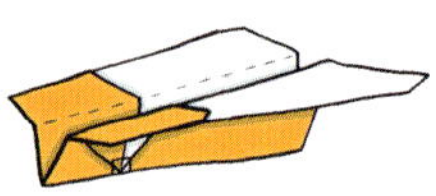

MAGISCHE BÜCHER & CO

BASTELTRICKS

Zeitaufwand

Mittelschnell etwa 20 Minuten ⚡
Schnell etwa 5-10 Minuten ⚡⚡
Superschnell etwa 5 Minuten ⚡⚡⚡
Ultraschnell etwa 30 Sekunden ⚡⚡⚡⚡

MAGISCHER QUATSCH

Womit möchtest du anfangen? Willst du eine superlaute Knallklatsche basteln, dich durch ein Blatt Papier quetschen oder dein Publikum mit dem Büroklammer-Trick verwirren? Egal, womit du loslegst, alle Ideen in diesem ersten Kapitel sind ganz einfach und extrem schnell zu basteln. Na ja, fast alle. Wir müssen zugeben, die Fingerfalle von Seite 34 ist einen kleinen Tick komplizierter. Aber die kannst du dir ja für später aufsparen …

Hast du zufällig größeres Papier da, z. B. von einem alten Poster oder Kalender? Bastle dir doch mal eine Riesen-Knall-Klatsche – dann wird es richtig laut! Probiere einfach ein bisschen herum.

KNALL-KLATSCHE

SCAN ME!

Möchtest du wissen, wie laut Papier knallen kann? Dann schau dir diesen Film dazu an!

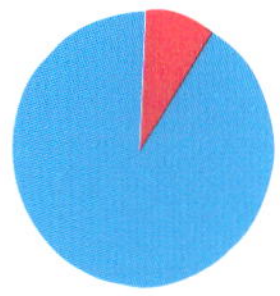

Zeitaufwand
Superschnell.
Etwa 5 Minuten
plus Dekorationszeit

Oha, gleich knallt es!

Viel lauter kann einfaches Papier wohl nicht werden. Diese Knall-Klatsche ist ruckzuck gebastelt und eignet sich ideal als Applaus-Verstärkung, für Spezial-Effekte beim Videodreh oder als Startschuss bei Wettrennen.

Du brauchst

- ★ zwei Blatt normales A4-Papier
- ★ Klebeband (eventuell farbig)
- ★ Bunt- und/oder Filzstifte/Textmarker

So geht's

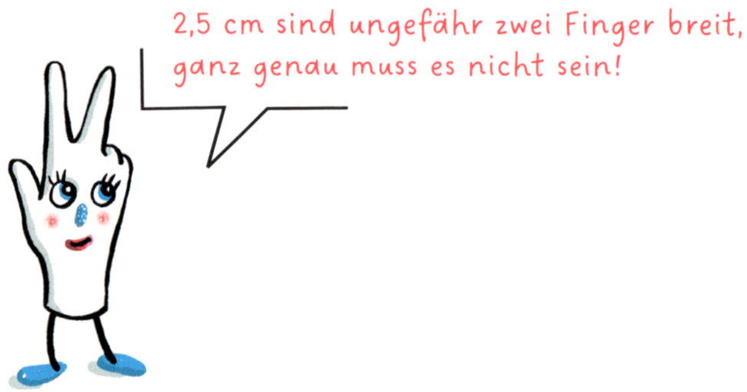

1 Lege ein A4-Papier quer vor dich auf den Tisch und falte von der unteren Kante einen etwa zwei Finger breiten Streifen hoch. Ziehe die Faltkante scharf nach.

2 Falte nun diese erste Faltung erneut nach oben und ziehe die Faltlinie nach. Mache so weiter, bis das ganze Papier zu einem schmalen Streifen gewickelt ist.

3 Fixiere die offene Kante mit einem Stückchen Klebeband.

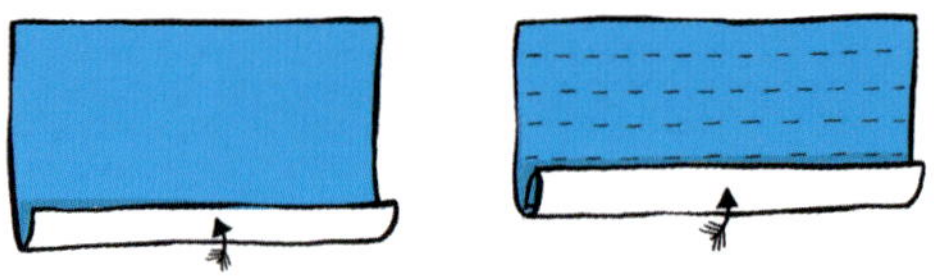

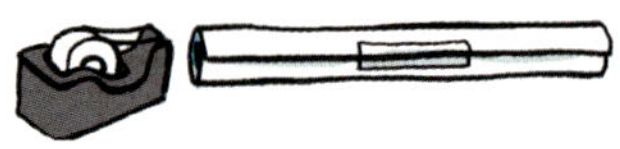

4 Wiederhole mit dem zweiten Blatt Papier Punkt 1 bis 3, sodass du zwei Streifen bekommst.

5 Wenn du magst, bemale nun die beiden Streifen von jeweils einer Seite.

6 Lege beide Streifen so aufeinander, dass die bemalten Seiten außen sind. Umwickle die beiden Enden jeweils mit einem Streifen (farbigen) Klebeband – fertig!

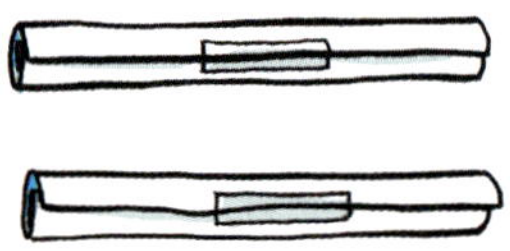

Und wie knallt die Klatsche?

Nimm mit jeder Hand ein Ende des Streifens und bewege deine Hände aufeinander zu, sodass sich der Streifen zu einem „O" öffnet.

Dann ziehe die Hände mit einem scharfen Ruck auseinander – und schon KNALLT es!

QUETSCHE DICH DURCH EIN BLATT PAPIER

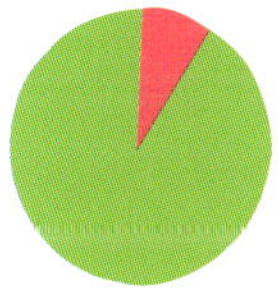

Zeitaufwand
Superschnell.
Etwa 5 Minuten
plus etwas Übungszeit

Dieser Trick eignet sich bestens für eine kleine Challenge

Wette mit deinem Publikum, dass niemand es schafft, sich durch ein ganz normales Blatt Papier zu quetschen. Gib allen dann ein Blatt Papier und eine Schere und lehne dich entspannt zurück – das kann etwas dauern und lustig werden! Dann übernimmst du den Fall und zeigst ihnen, wie es geht.

Du brauchst

- ★ ein paar Blätter normales A4-Papier
- ★ Schere

So geht's

1 Falte das Papier längs zur Hälfte.

2 Schneide nun von der geschlossenen Seite aus Fransen in das doppelt liegende Papier. Die einzelnen Fransen sollen etwa so breit werden wie zwei Finger. Die erste und die letzte Franse können etwas schmaler sein (du musst nicht nachmessen, nur so ungefähr).

3 Schneide von der offenen Seite aus immer genau zwischen die Fransen.

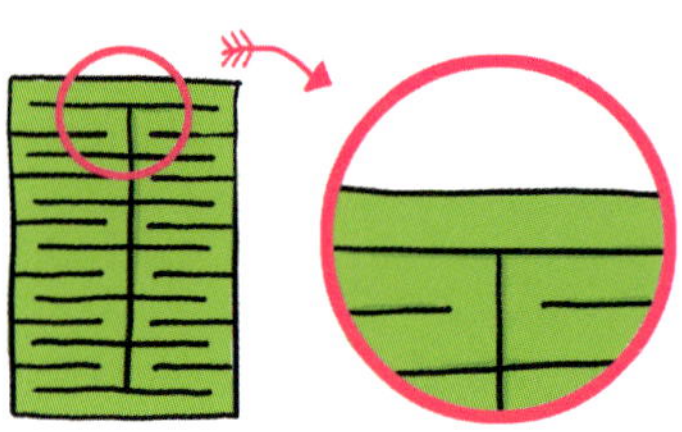

4 Öffne das Papier ein wenig, schiebe deine Schere in den obersten Schlitz und schneide längs durch die Mitte des Papiers. Stoppe unbedingt VOR dem letzten Schlitz, schneide das Papier nicht ganz durch.

Und wie quetscht man sich nun durch das Papier?

Ziehe das Blatt Papier langsam auseinander. Die doppelt geschnittenen Fransen öffnen sich zu einem Zickzack-Ring. Dehne diesen Ring immer weiter, er wird größer und größer. Steige nun durch den Ring. Pass auf, dass du nirgends mit deinen Klamotten hängen bleibst, sonst könnte das Papier reißen. Hast du es geschafft? Dann verbeuge dich und kassiere deinen Applaus!

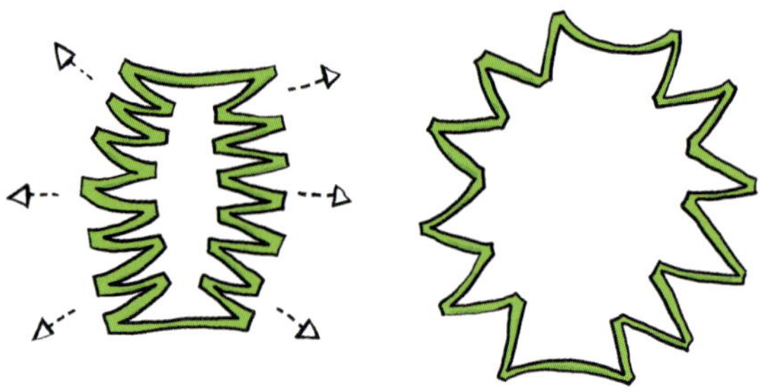

Wenn du etwas extremer werden möchtest, probiere diesen Trick mit einer Postkarte aus – das ist noch verblüffender! Dabei müssen die geschnittenen Fransen natürlich schmaler werden, und du musst aufpassen, dass das Papier nicht reißt.

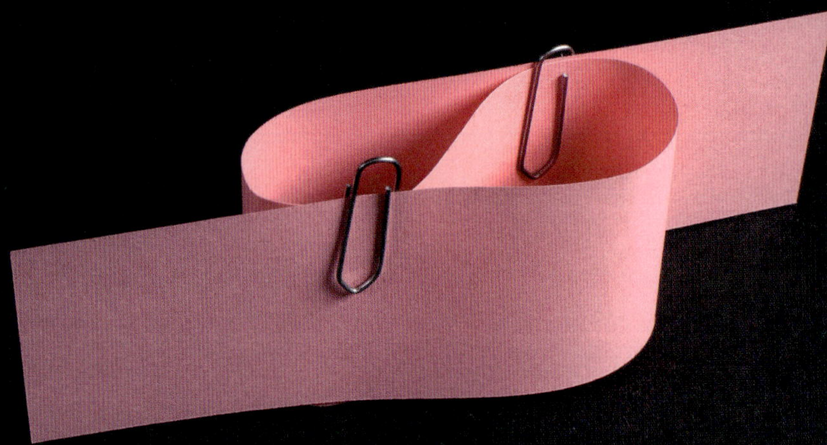

Zeitaufwand
Ultraschnell.
Etwa 30 Sekunden plus Übungszeit

BÜROKLAMMER-TRICK

Du brauchst

- ★ einen Streifen festeres Papier: z. B. 5 cm x 30 cm oder 6 cm x 40 cm/ 160g–200g
- ★ zwei oder mehr Büroklammern
- ★ vielleicht ein paar Stifte

Dieser Trick ist supereinfach

Du schiebst zwei Büroklammern auf einen Streifen Papier, ziehst an den Papierenden und, ZACK, sind die beiden Klammern miteinander verbunden! Wie geht das? Für den Büroklammer-Trick brauchst du nur ganz wenig Material und Vorbereitungszeit. Allerdings musst du, wie bei fast allen „Zaubertricks", vorher etwas üben, damit alles so funktioniert wie geplant.

Die Maße des Streifens sind wieder nur ungefähre Angaben. Du kannst ihn einfach von der langen Seite eines A3- oder A4-Blatts abschneiden.

So geht's

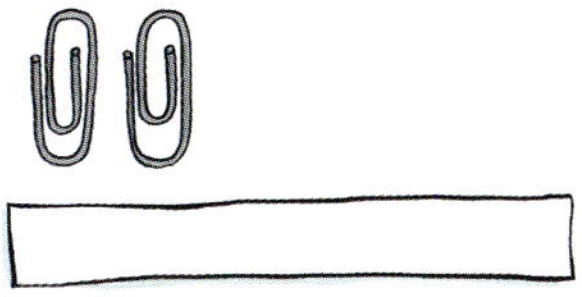

1 Schau dir die Büroklammern ganz genau an und lege sie genauso vor dich hin wie auf der Zeichnung zu sehen.

2 Biege jetzt das linke Drittel des Streifens nach hinten und befestige den entstandenen Papierbogen mit einer Büroklammer. Achte darauf, dass alles genauso aussieht wie auf der Zeichnung: Der innere, kleinere Bogen der Klammer zeigt zu dir.

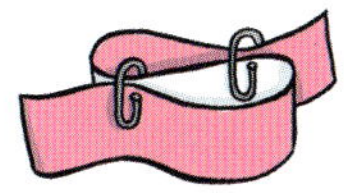

3 Biege nun das rechte Ende des Streifens nach vorn um und befestige diese Schlaufe mit der zweiten Büroklammer. Das waren auch schon die Vorbereitungen!

Und wie verbinden sich nun die Büroklammern?

Informiere dein Publikum, dass du die beiden Büroklammern miteinander verbinden kannst, ohne sie zu berühren. Halte den Streifen links und rechts an den Enden fest und ziehe deine Hände mit einem Ruck auseinander – SCHWUPP, fliegen die beiden Büroklammern in einem hohen Bogen davon. Wenn alles so geklappt hat, wie es soll, sind sie jetzt miteinander verbunden! Übe diesen Trick ein paar Mal, bis du dir ganz sicher bist und nicht mehr darüber nachdenken musst, wie du die Büroklammern auf dem Papierstreifen befestigst.

Falls der Trick nicht gleich klappt, probiere es noch mal: Die Klammern müssen genau so auf dem Papier sitzen wie auf der Zeichnung. Und auch der schnelle Ruck deiner Hände muss stimmen.

Ist dein Publikum begeistert, und möchtest du noch etwas weiter gehen? Dann probiere mal aus, was passiert, wenn du drei oder mehr Büroklammern auf den Streifen schiebst.

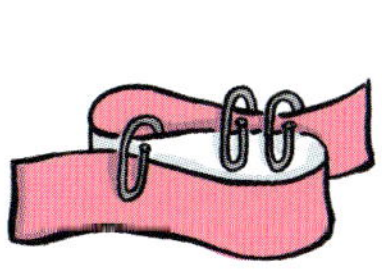

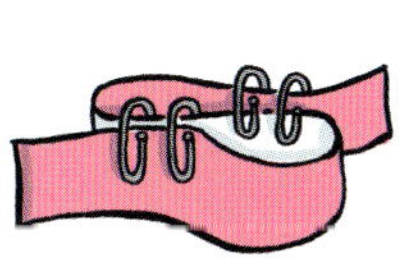

Zeitaufwand
Ultraschnell.
Etwa 30 Sekunden
plus Übungszeit

SCHNELL-PLOPPER

Das Basteln von diesem kleinen Plopper geht so schnell, dass man es eigentlich gar nicht mehr Basteln nennen kann!

Er ist zwar nicht ganz so laut wie die Knall-Klatsche von Seite 10, dafür lässt er sich aber viel schneller herstellen. Damit der Plopper nachher ein schönes PLOPP macht, musst du allerdings ein bisschen trainieren.

Du brauchst

- ein etwas festeres A4-Papier, 100g–120g

So geht's

1 Lege das A4-Papier quer vor dich und falte es zur Hälfte: Die obere Kante liegt nun auf der unteren. Ziehe die Faltkante nach.

2 Falte nun die linke Seite auf die rechte. Ziehe wieder die Faltkante nach. Das war es auch schon!

Und wie ploppt das Ding?

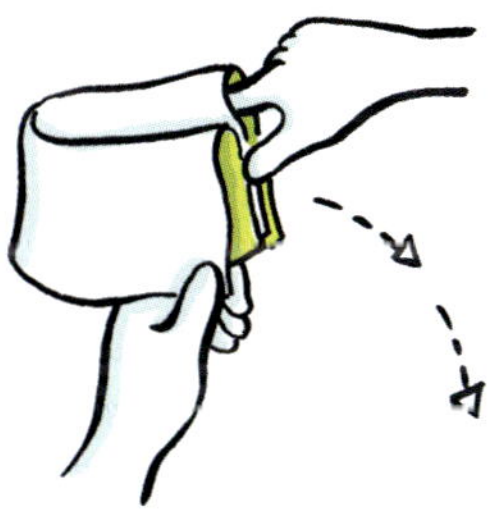

Fasse den Plopper wie auf der Zeichnung zu sehen mit einer Hand, sodass du die beiden äußeren Lagen Papier fest zwischen Daumen und Zeigefinger hältst. Dafür zippelst du mit deiner anderen Hand die inneren beiden Lagen Papier etwas heraus – das Papier sieht nun fast aus wie eine kleine Haube. Halte den Plopper gut fest, nimm deine Hand auf Schulterhöhe und haue ruckartig mit der Hand nach unten, als ob du mit einem Hammer einen Nagel einschlagen willst. Schon öffnet sich der Plopper mit einem lauten PLOPP!

HIMMEL · ODER · HÖLLE

Zeitaufwand
Schnell.
Etwa 7 Minuten
plus Dekorationszeit

Na, kennst du das Spiel?

Vielleicht heißt es bei dir Schnipp-Schnapp oder Pfeffer-oder-Salz? Dieses Orakel-Spiel ist weltweit bekannt und hat überall ein bisschen andere Regeln. Für mehr Pfeffer in Himmel-oder-Hölle haben wir die alten Regeln etwas „frisiert". So kommt mehr Schwung ins Spiel!

Du brauchst

- ★ ein normales Stück Papier, quadratisch, z. B. 21 cm x 21 cm, 80g–120g
- ★ Bunt- oder Filzstifte/ Textmarker

So geht's

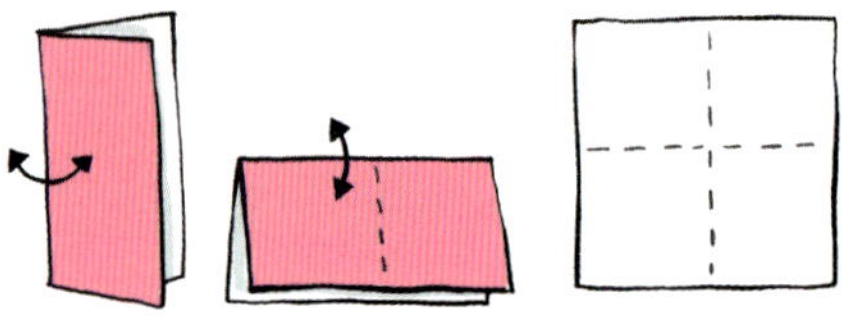

1 Falte das Papier längs zur Hälfte, ziehe die Faltkante scharf nach und öffne es wieder. Falte das Papier quer zur Hälfte, ziehe die Kante nach und öffne es wieder.

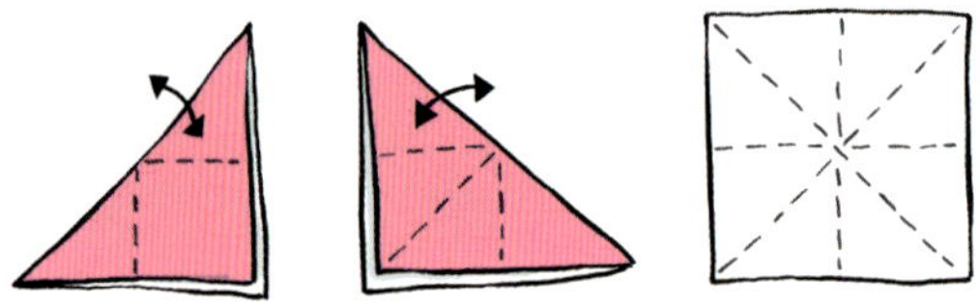

2 Falte jetzt das Papier zu einem Dreieck und ziehe die Kante nach. Öffne das Papier und falte es andersherum zu einem Dreieck. Wenn du das Papier nun wieder öffnest, siehst du vier Faltlinien, die sich in der Mitte des Papiers überkreuzen.

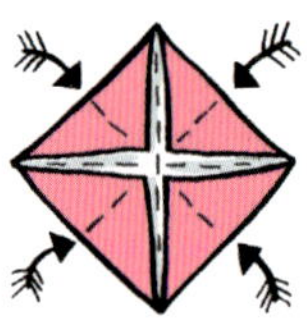

3 Falte die vier Ecken des Papiers zu diesem Mittelpunkt. Ziehe die Faltkanten nach.

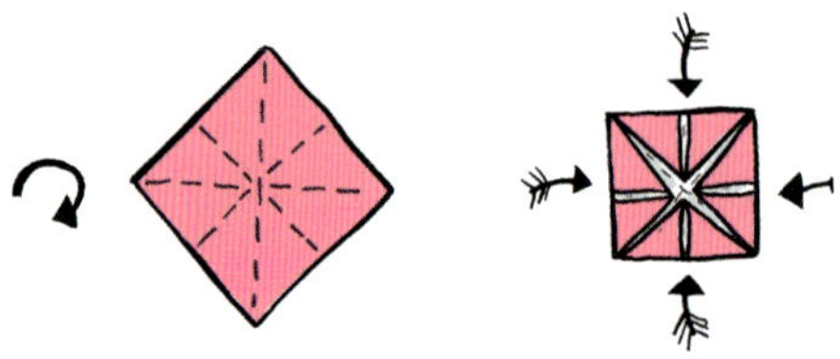

4 Wende das Objekt und falte wieder die vier Ecken des Papiers zum Mittelpunkt. Ziehe die Faltkanten nach.

5 Eigentlich bist du mit dem Falten fertig, das Papierobjekt muss nur noch in Form gebracht werden. Falte dafür das Objekt noch einmal quer, öffne es wieder, falte es längs und öffne es wieder. Bringe dann die vier äußeren Ecken zusammen, sodass das Ganze ein 3D-Objekt wird. Das ist am Anfang nicht ganz so einfach, das Papier muss etwas „überzeugt" werden. Auf der einen Seite des Objekts entstehen vier „Tütchen", in die du deine Daumen und Zeigefinger steckst. So kannst du das Spiel quer und längs auf- und wieder zuklappen.

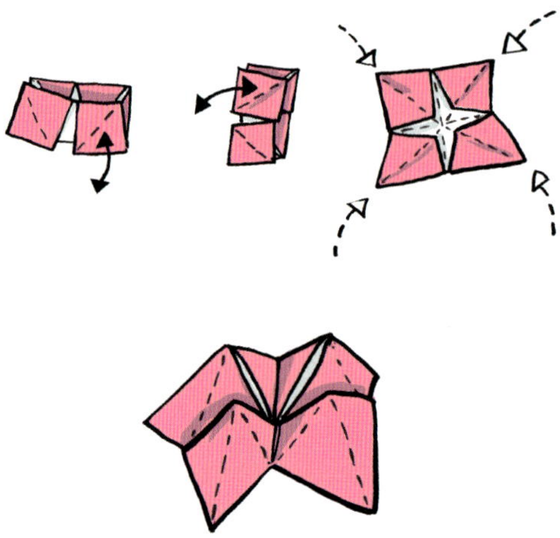

Du kannst aus diesem Spiel eine Schnappmaul-Puppe basteln.

Klebe dafür zwei gegenüberliegende Dreiecke so zusammen, dass ein Maul entsteht. Dann dekoriere das Wesen.

Und wie spielt man Himmel-oder-Hölle?

Als Erstes musst du dein Himmel-oder-Hölle-Spiel dekorieren und beschriften. Lege das Objekt wieder flach vor dich. Auf jedes der acht dreieckigen Innenfelder schreibst du ein Fragezeichen. Nun kannst du die Fragezeichen-Dreiecke nacheinander hochklappen und darunter fiese Fragen, lustige Aufgaben, schwierige Rätsel oder merkwürdige Orakel aufschreiben. So etwa wie bei dem Spiel „Wahrheit oder Pflicht“.

Zum Spielen brauchst du idealerweise eine Partnerin oder einen Partner. Klappe das Himmel-oder-Hölle-Spiel schnell auf und zu. Der oder die andere ruft „STOPP!“ und sucht sich eins der vier sichtbaren Fragezeichen aus. Öffnet das entsprechende Dreieck und lest den Text darunter laut vor. Muss deine Mitspielerin oder dein Mitspieler vielleicht einen Teelöffel Senf essen? Verraten, wovor sie oder er sich am meisten ekelt? Oder an der nächsten Bushaltestelle ein Lied singen? Freu dich nicht zu früh, denn jetzt wechselt ihr die Rollen, und du bist dran …

TRACK
1989
SOC

DAS SELTSAME 3D-PAPIERWUNDER

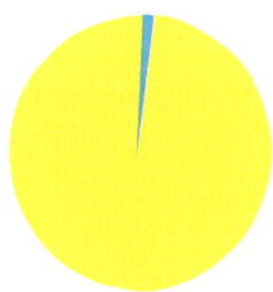

Zeitaufwand
Ultraschnell.
Etwa eine Minute
plus eventuell viiiiiel
Zeit zum Vorführen

Auch mit diesem Trick kannst du eine kleine Challenge machen!

Bereite das seltsame 3D-Papierwunder heimlich vor und frage dann dein Publikum, ob es in der Lage ist, diesen Trick nachzumachen. Am besten, du kalkulierst gleich etwas Zeit ein, denn das kann dauern!

Du brauchst

- einen kleinen Stapel normales A4-Papier
- Schere

So geht's

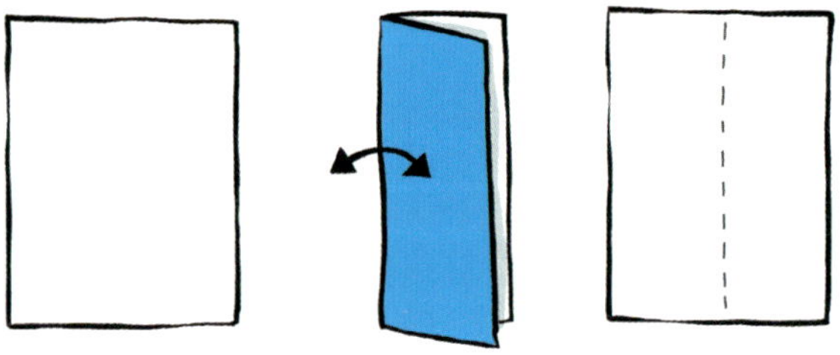

1 Falte ein A4-Papier einmal längs zur Hälfte, ziehe die Faltkante scharf nach und öffne das Papier wieder.

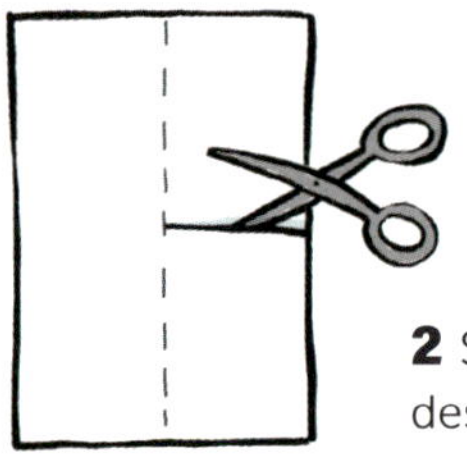

2 Schneide von der rechten Kante aus bis zur Mitte des Papiers.

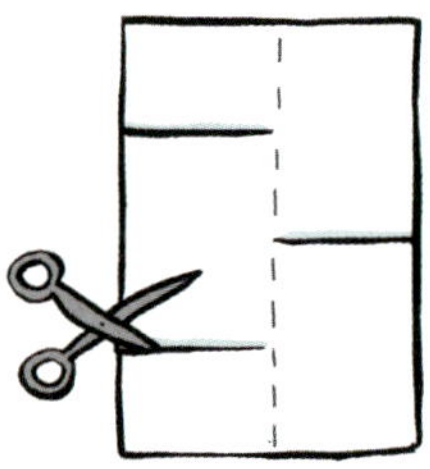

3 Schneide von der linken Kante aus zwei Schnitte bis an die Mittellinie, so wie es auf der Zeichnung zu sehen ist.

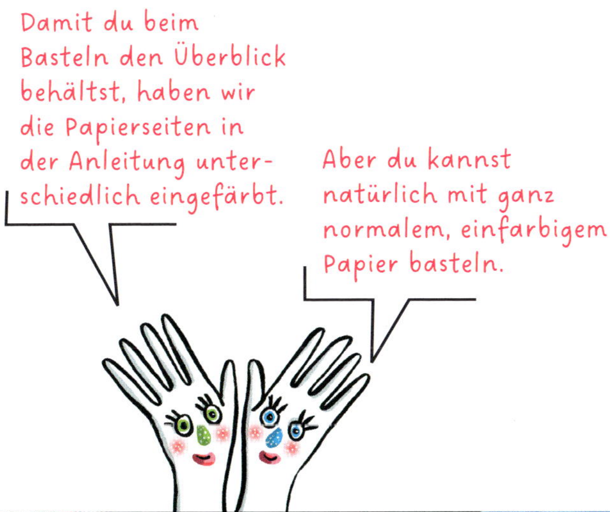

Und wie geht jetzt das Papierwunder?

Hast du alle Schnitte gemacht? Dann drücke die linke untere Ecke flach auf den Tisch und wende die obere Kante von links nach rechts, sodass im Papier eine Drehung entsteht. In der Mitte steht jetzt ein Teil nach oben, welches weder nach links noch nach rechts zu gehören scheint.

Rufe nun dein Publikum zusammen und präsentiere ihm das Papierwunder. Klappe das nach oben stehende Stückchen Papier von links nach rechts und versichere dem Publikum, dass dieses Papierwunder aus nur einem Stück Papier, ganz ohne Klebstoff, entstanden ist. Dann forderst du deine Zuschauerinnen und Zuschauer auf, den Trick nachzumachen, reichst ihnen Papier und Schere und lehnst dich entspannt zurück.

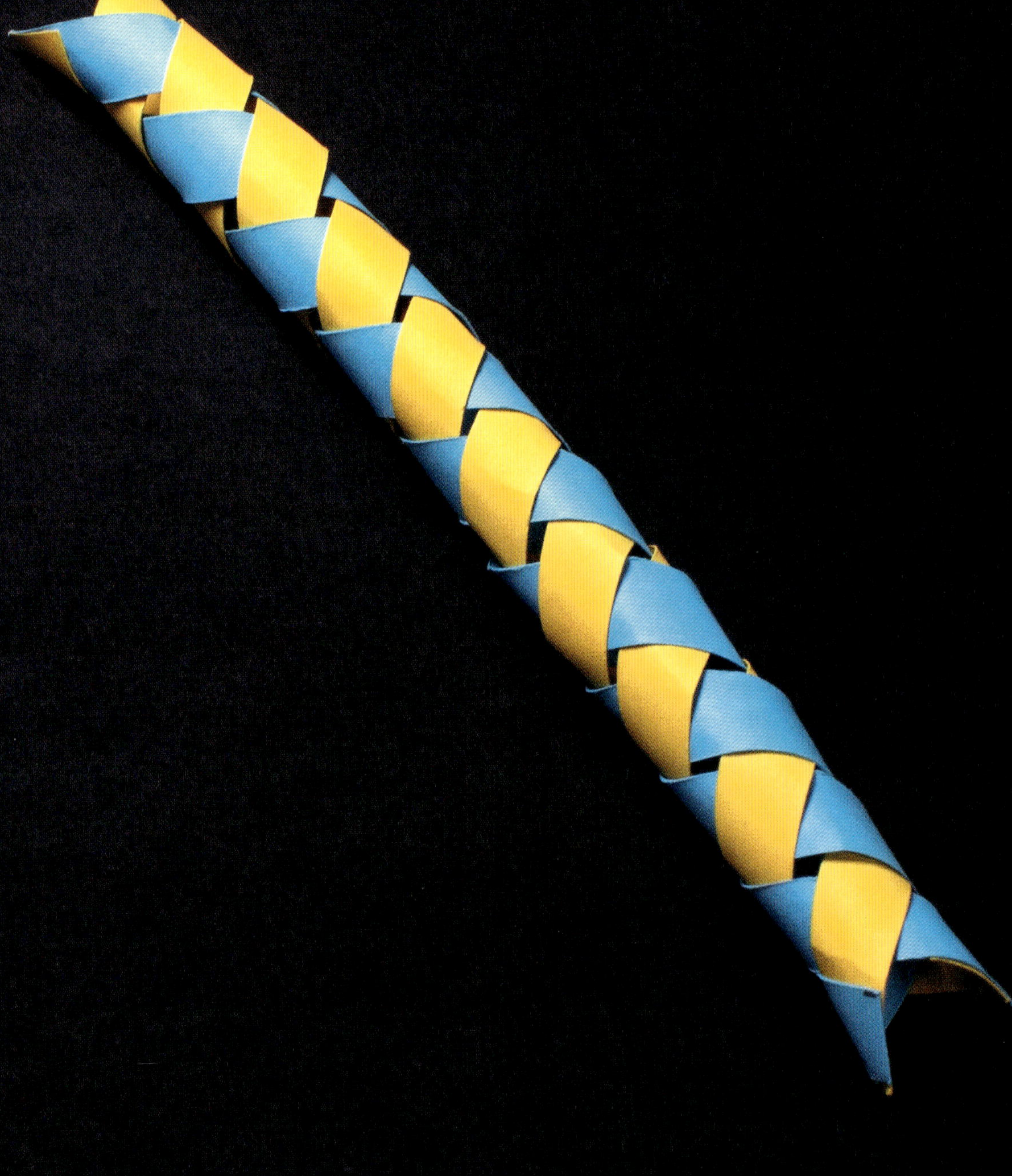

DIE FINGERFALLE

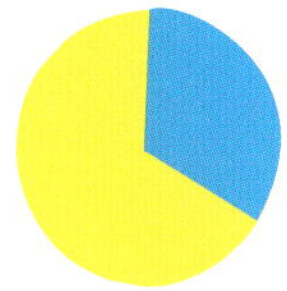

Zeitaufwand
Mittelschnell.
Etwa 20 Minuten

Oh, là, là, diese Fingerfalle hat es in sich!

Zugegeben, es ist etwas fummelig, sie herzustellen: Aus vier schmalen Papierstreifen wird ein beweglicher Papierschlauch geflochten. Das ist gar nicht so einfach. Aber die Mühe lohnt sich, denn spätestens, wenn die Finger deiner Freundinnen und Freunde in der Fingerfalle feststecken, wirst du dich SEHR darüber freuen!

Du brauchst

- ★ 4 schmale Streifen festes Papier, 160g, 1 cm x 25 cm, am besten in zwei Farben
- ★ flüssigen Papierkleber
- ★ geraden, fingerdicken Stift als Form
- ★ ablösbares Klebeband/ Papierklebeband
- ★ Schere

So geht's

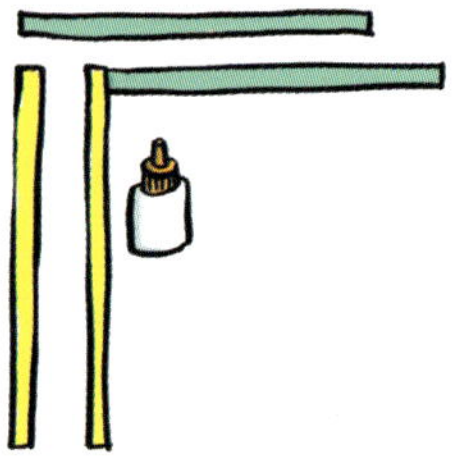

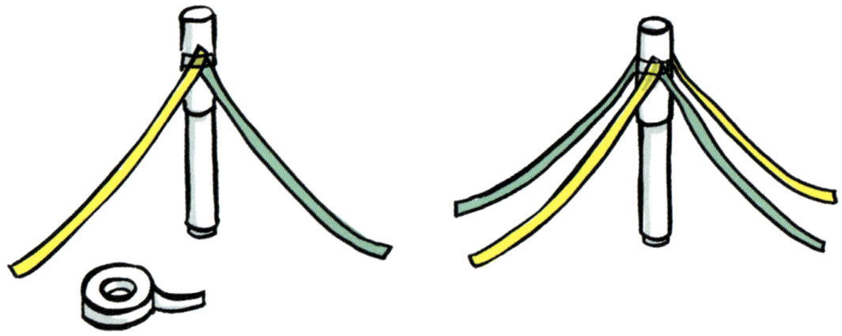

1 Lege zwei Streifen längs und zwei Streifen quer vor dich. Klebe je zwei Streifen im 90°-Winkel an den Enden aufeinander.

2 Fixiere die Ecke eines Doppelstreifens mit Klebeband am Stift. Drehe den Klebestift und fixiere den anderen Doppelstreifen genau gegenüber.

3 Nun wird geflochten: Die Streifen sollen jeweils immer einmal oben über einem anderen Streifen und unten unter einem anderen Streifen liegen. Schau dir die Zeichnung genau an: Das Ganze geht immer rundherum.

4 Wenn die Streifen fast ganz geflochten sind, klebst du je zwei Streifenenden über Eck aufeinander und schneidest die überstehenden Enden ab. Nun kannst du den Stift herausziehen und fertig ist deine Fingerfalle!

SCAN ME!

Falls du jetzt Häää? denkst, keine Sorge: Auch zu dieser Bastelanleitung haben wir einen Film gedreht, der dir genau zeigt, wie es geht! Scanne einfach diesen QR-Code:

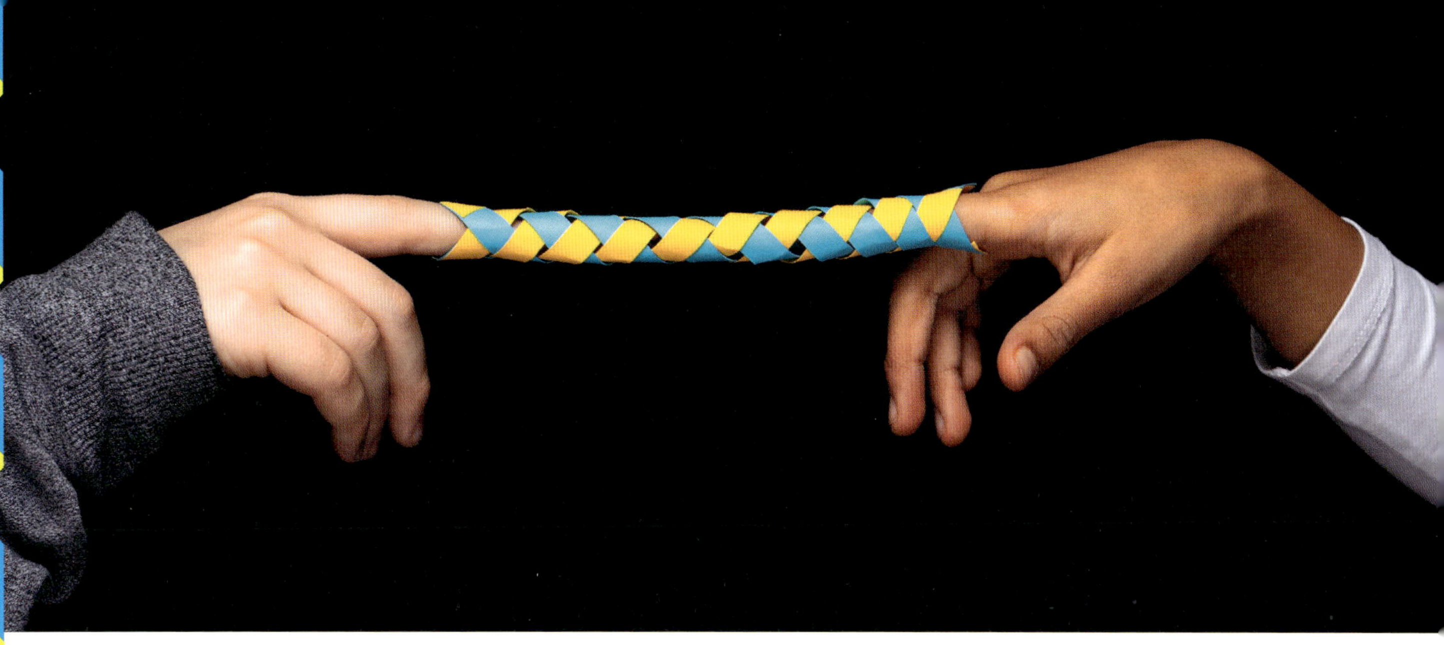

Und wie schnappt die Fingerfalle nun zu?

Um zu verstehen, wie die Fingerfalle funktioniert, stecke selbst einen Zeigefinger in die Falle. Aber nicht gleich hektisch werden, falls dein Finger nun wirklich feststeckt. Nur durch Herausziehen wirst du ihn nicht befreien können, denn die geflochtenen Streifen ziehen sich richtig fest. Du musst an dem unteren Ende der Fingerfalle vorsichtig die übereinander geklebten Ecken wieder Richtung Fingerkuppe schieben, so kommt dein Finger frei.

Überrede nun jemanden, beide Zeigefinger von links und rechts in die Fingerfalle zu stecken. Jetzt kannst du deine Beute genüsslich bei den Befreiungsversuchen beobachten. Greife aber ein, bevor dein Opfer einen Rappel bekommt, sonst musst du dir eine neue Fingerfalle flechten ...

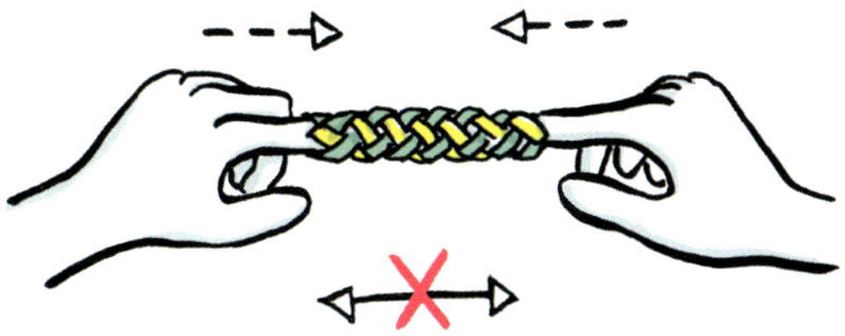

MAGISCHE TRICKS

Wir schalten einen Gang höher! Willkommen bei den Flexagons und Möbius-Schleifen. Die Tricks in diesem Kapitel sind richtig mathematische Phänomene und überhaupt nicht leicht zu durchschauen. Trotzdem ist es nicht so kompliziert, sie zu basteln.

HEXA-FLEXAGON

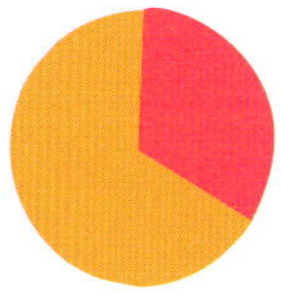

Zeitaufwand
Mittelschnell.
Etwa 20 Minuten plus Dekorationszeit; beim zweiten Mal geht's schneller

Huch, wie kann etwas mit zwei Seiten plötzlich drei Seiten haben?

Das ist das Geheimnis von Flexagons: Sie sind einfach magisch! Dieses Hexa-Flexagon hat eine schöne 6-eckige Bienenwabenform – „Hexa" bedeutet nämlich sechs auf Griechisch. Die Form eignet sich toll für Mandalas oder kaleidoskopartige Muster. Und da es ja innen drin die „unsichtbare" dritte Seite gibt, kann man wunderbar Geheimbotschaften damit verschicken.

Du brauchst

- ★ einen Streifen festes Papier, 4,5 cm x 30 cm, 100g–120g
- ★ eventuell Geodreieck oder Lineal
- ★ Schere
- ★ Falzbein
- ★ Klebestift
- ★ Bunt- und/oder Filzstifte/ Textmarker

So geht's

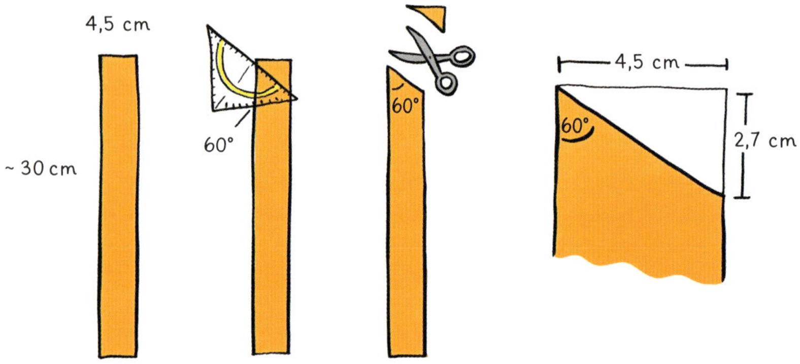

1 Schneide eine schmale Seite des Streifens in einem 60°-Winkel schräg ab. Benutze hierfür entweder ein Geodreieck* oder messe, wie auf der Extrazeichnung zu sehen, von der einen Ecke genau 2,7 mm ab (Achtung, das funktioniert aber nur bei einem 4,5 cm breiten Streifen).

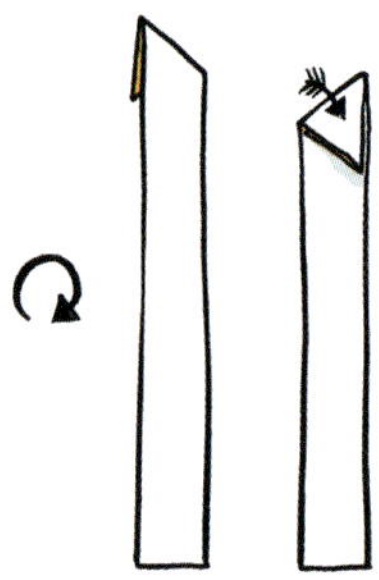

2 Lege den Streifen so, dass die spitze Ecke links oben ist. Falte sie rüber zur rechten Kante, sodass ein gleichschenkliges Dreieck entsteht. Ziehe die Faltkante scharf nach.

3 Wende den Streifen wie einen Pfannkuchen, die Spitze ist jetzt wieder links oben. Falte sie wieder rüber zur rechten Seite. Arbeite möglichst genau, sodass die Faltungen übereinanderliegen. Ziehe die Faltkante nach.

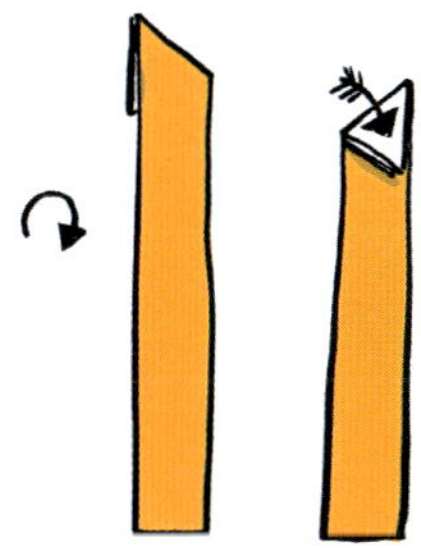

4 Wende den Streifen und falte die Ecke rüber zur rechten Seite. Ziehe die Faltkante noch einmal nach.

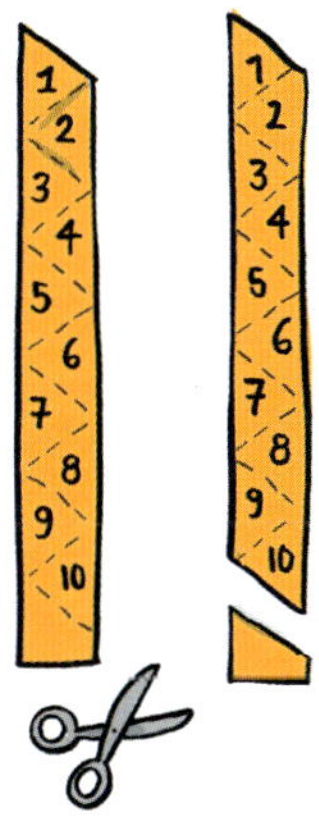

5 Mache immer so weiter, bis du kein ganzes Dreieck mehr falten kannst. Falte den Streifen auf und zähle die Dreiecke. Du brauchst zehn Stück. Schneide den letzten Fitzel ab.

6 Falte den ganzen Streifen wieder wie eine Ziehharmonika zusammen. Bestreiche das obere Dreieck mit etwas Klebstoff, öffne den Dreieck-Stapel vorsichtig und klebe die obere Fläche genau auf die untere Fläche.

7 Wenn alles funktioniert, kannst du den „Stapel" aufklappen und hast ein flaches Sechseck in der Hand. So soll es jetzt aussehen. Jetzt kannst du schon mal zwei Seiten des Flexagons bemalen.

SCAN ME!

Falls du dir nicht vorstellen kannst, wie das mit dem Flexagon funktioniert, schau dir den Film dazu an.

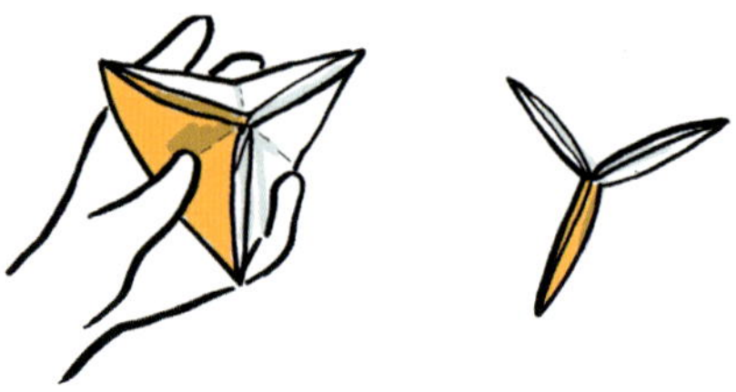

Und wo versteckt sich die dritte Seite?

Die findest du, indem du das Hexa-Flexagon „öffnest“: Falte das flache Sechseck so zusammen, dass aus den drei „offenen“ Faltlinien Bergfalten werden. Das Ganze sieht von oben aus wie ein dreizackiger Stern. Von der Mitte aus kannst du das Hexagon nun mit den Fingern öffnen und „umstülpen“ – schon hast du eine ganz frische Seite, auf die du entweder auch etwas zeichnen oder eine geheime Botschaft schreiben kannst. So kannst du das Flexagon immer wieder von der Mitte aus auffalten.

Mache einen
Radschlag
3

QUATTRO-FLEXAGON

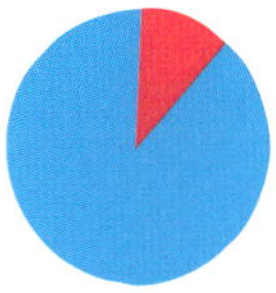

Zeitaufwand
Schnell.
Etwa 10 Minuten
plus Dekorationszeit

Auf diesem flachen Papierobjekt kannst du vier Motive unterbringen!

Das quadratische Flexagon hat nämlich zwei sichtbare und zwei versteckte Seiten. Die Konstruktion ist ziemlich einfach, und hast du den Bogen einmal raus, stellst du diese Quattro-Flexagons ohne viele Hilfsmittel in fast jeder Größe her.

Du brauchst

- ein festes Papier, quadratisch, z. B. 21 cm x 21 cm, 160g–200g
- Falzbein
- Schere
- Klebestift
- Bunt- und/oder Filzstifte/Textmarker

So geht's

1 Falte das Papier zur Hälfte, ziehe die Faltkante scharf nach und falte es wieder auf.

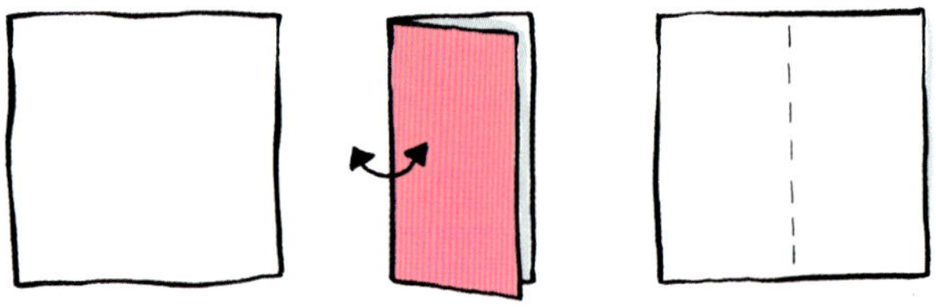

2 Falte die beiden äußeren Seiten von links und rechts zur Mittellinie, ziehe die Faltkanten nach und falte es wieder auf.

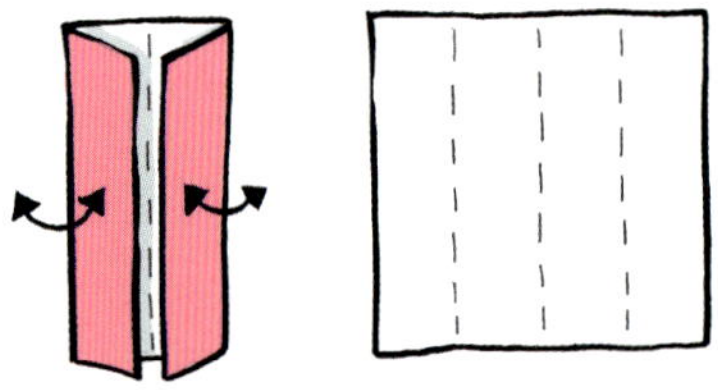

3 Drehe das Papier um ein Viertel und wiederhole Punkt 1 und 2. Dein Papier ist jetzt in 16 gleich große Quadrate unterteilt.

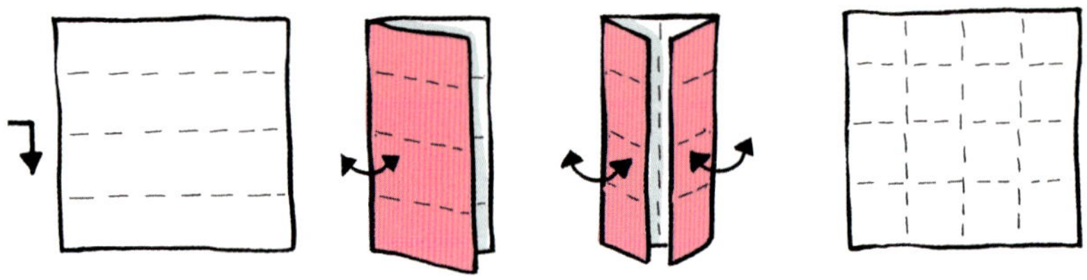

4 Schneide nun die mittleren vier Quadrate aus dem Papier. Falte es dafür erst einmal in der Mitte, um einen guten Anfang zu finden.

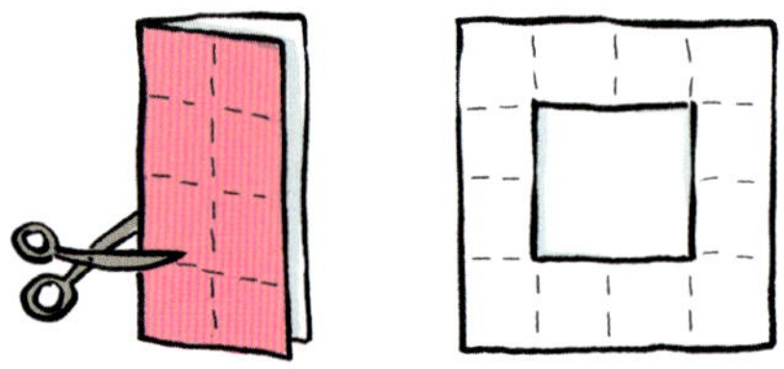

5 Klebe jetzt einige der Quadrate genauso zusammen wie auf der Zeichnung zu sehen. Markiere diese Quadrate vorher mit Buchstaben. A + A und B + B stehen auf der einen Seite. Dann wendest du das Papier wie einen Pfannkuchen von links nach rechts und markierst C + C und D + D.

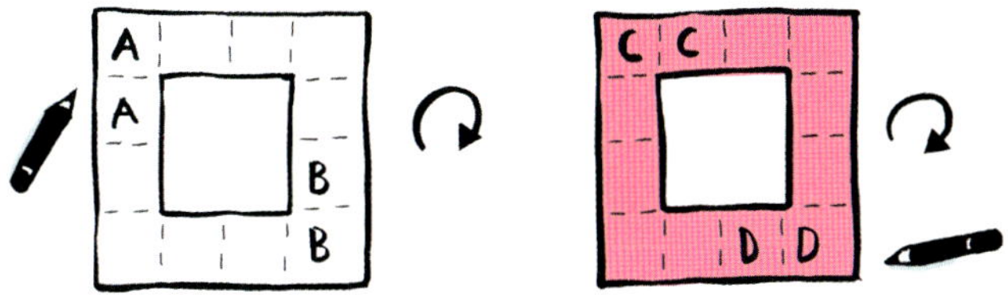

6 Klebe nun zuerst A auf A und dann B auf B. Danach C auf C und dann D auf D. Schon bist du fertig!

Übrigens, aus dem quadratischen Papier, das du in der Mitte ausschneidest, kannst du noch ein Flexagon machen, das wird dann natürlich kleiner. Und aus dem Quadrat, das du dort ausschneidest, kannst du wieder ein Flexagon machen ... Wie klein wird dein kleinstes Flexagon?

Und wie funktioniert das Quattro-Flexagon jetzt?

Ohne Dekoration kann man das gar nicht erkennen, deshalb also los: Zeichne auf die Oberseite ein Motiv. Wenn das fertig bist, falte das Flexagon an der Schnittkante in der Mitte auseinander, schon hast du eine neue weiße Fläche. Die kannst du jetzt ebenfalls dekorieren. Dann faltest du es wieder in der Mitte auseinander und machst so weiter, bis dein erstes Motiv erneut erscheint. Jetzt hast du vier verschiedene Bilder in einem zweidimensionalen Ding untergebracht!

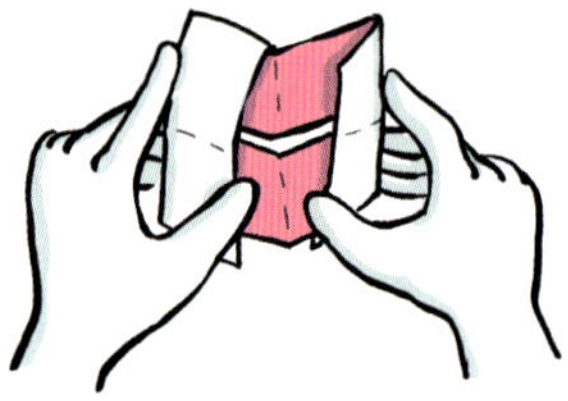

Hast du gesehen, dass auf der Rückseite die Motive immer in der Mitte geteilt sind? Das sieht interessant aus!
Du könntest auch Wörter auf dein Flexagon schreiben. Oder eine Bildergeschichte in vier Teilen erzählen ...

PAPER

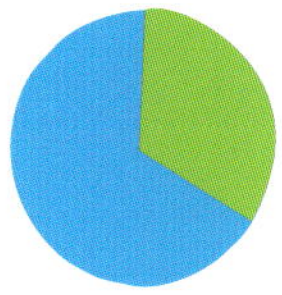

Zeitaufwand
Mittelschnell.
Etwa 20 Minuten
plus Dekorationszeit

Dieses Flexagon ist ein richtiger Gestaltwandler!

Eben noch hältst du ein quadratisches Papier in den Händen und, SCHWUPPS, schon ist es ein Kreuz.

Du brauchst

- ★ zwei kleine Bogen festes Papier, quadratisch, z. B. 10 cm x 10 cm, 120g–200g
- ★ Falzbein
- ★ Schere
- ★ Klebestift
- ★ Bunt- und/oder Filzstifte/ Textmarker

So geht's

1 Falte das Papier zur Hälfte, ziehe die Faltkante scharf nach und falte es wieder auf.

2 Falte die beiden äußeren Seiten von links und rechts zur Mittellinie, ziehe die Faltkanten nach und falte es wieder auf.

3 Drehe das Papier um ein Viertel und wiederhole Punkt 1 und 2. Dein Papier ist jetzt in 16 gleich große Quadrate unterteilt. Mache das Gleiche mit dem zweiten Bogen Papier.

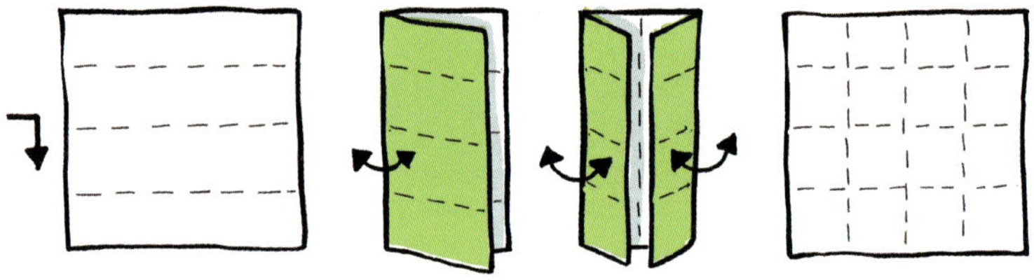

4 Markiere einige der Quadrate so, wie auf der Zeichnung zu sehen, mit Buchstaben.

5 Falte nun bei beiden Bogen Papier wieder die Seiten zu den Mittellinien: Bei dem ersten Bogen längs, bei dem zweiten Bogen quer. Die Buchstaben sollen so zu sehen sein wie auf der Zeichnung.

SCAN ME!

Kommt dir das ganz schön kompliziert vor? Dann schau dir unseren Film dazu an!

6 Klebe jetzt beide Papiere aneinander. Bestreiche dafür auf einem Papier alle vier Buchstabenflächen mit Klebstoff und klebe das andere Papier überkreuz darauf, sodass jeder Buchstabe auf seinem Partner liegt, also A auf A, B auf B usw.

7 Schneide jetzt wie auf der Zeichnung zu sehen die eine Seite von deinem Kreuz-Flexagon in der Mitte auf.

8 Wende das Objekt und schneide die andere Seite auf. Hier musst du etwas vorsichtig sein, damit du nicht in die unteren Lagen des Flexagons schneidest.

Und wie wandelt sich nun die Gestalt?

Ganz einfach: indem du das Flexagon in der Mitte auffaltest. Schon wird das Kreuz zum Quadrat! Jetzt kannst du das Kreuz-Flexagon dekorieren. So kommen die vier verschiedenen Verwandlungsstufen noch besser heraus.

WUNDERSCHEIBE ODER THAUMATROP

Zeitaufwand
Schnell.
Etwa 10 Minuten
plus Dekorationszeit

Huch, wie geht das denn?

Eben noch waren auf beiden Seiten der Pappscheibe ganz unterschiedliche Bilder zu sehen – und plötzlich verschmelzen sie zu einem einzigen Bild! Das Ganze ist eine optische Täuschung: Wenn man die Gummibänder an den Seiten der Scheibe zwirbelt, beginnt sich die Scheibe zu drehen. Irgendwann wird das zu schnell für unsere Augen, sie sehen nur noch ein Bild. Nach dem gleichen Prinzip der zu schnellen Einzelbilder funktionieren Daumenkinos oder Filme.

Bereits vor 15.000 Jahren haben Menschen solche Doppelbilder hergestellt, damals noch aus geschnitzten Knochen oder Steinscheiben. Ab 1827 wurden dann Wunderscheiben auf Pappe gedruckt. Sie haben auch einen komplizierten griechischen Namen: Thaumatrop.

Du brauchst

- festes Papier, ca. 10 cm x 20 cm, etwa 160g
- Wasserglas oder Zirkel
- Bleistift
- Bunt- und/oder Filzstifte/ Textmarker
- Schere
- Klebestift
- Lochzange oder Locher
- zwei Gummibänder

So geht's

1 Zeichne mithilfe von Zirkel oder Wasserglas zwei Kreise auf das Papier. Sie müssen gleich groß sein. Die Größe ist relativ egal, aber für den Anfang sind z. B. 9 cm Durchmesser super!

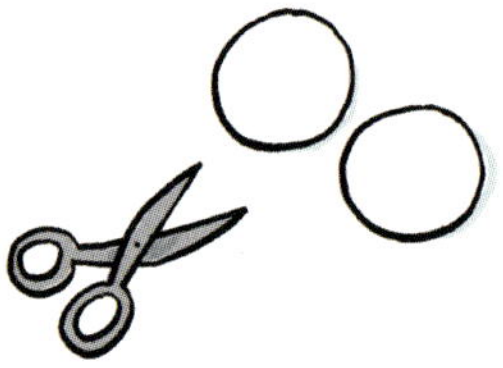

2 Schneide beide Scheiben aus.

3 Überlege dir nun ein Motiv mit Vorher-Nachher-Effekt (siehe Kasten). Zeichne das Vorher-Motiv auf die erste Scheibe.

4 Lege die zweite Scheibe über die erste und zeichne das Nachher-Motiv, sodass es genau dazu passt. Falls das Papier nicht durchscheinend genug ist, kannst du das leicht an einem Fenster durchpausen.

5 Klebe nun die beiden Scheiben Rücken an Rücken aufeinander, sodass das eine Motiv kopfüber steht, wenn du die Scheibe wendest.

6 Mache links und rechts vom Motiv je ein Loch in die Scheibe.

7 Stecke ein Gummiband in ein Loch, fädle das Ende des Gummibands durch die entstandene Schlaufe und ziehe es fest. Wiederhole das auf der anderen Seite.

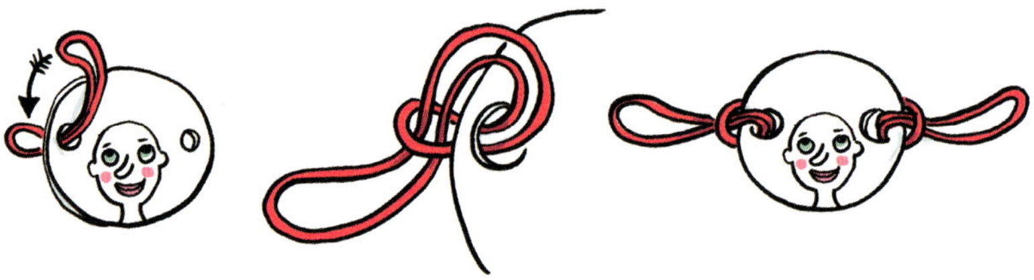

Und wie erscheint das Wunder?

Halte die Gummibänder links und rechts zwischen Daumen und Zeigefinger und beginne, die Gummibandenden hin und her zu zwirbeln schon vermischen sich die beiden Bilder zu einem einzigen!

Hier sind ein paar Ideen für Vorher-Nachher-Bilder, aber dir fällt wahrscheinlich noch etwas viel Besseres ein!

Vorher ★ Nachher

Kaktus ohne Stacheln ★ mit Stacheln

Mensch mit Glatze ★ Blumenwiesen-Frisur

Gesicht ohne alles ★ Augen, Mund und Nase

normaler Kopf ★ Hasenohren oder Geweih

Wurm ★ Schmetterlingsflügel

Eiswaffel ★ Eiskugeln

Falls du keine Lust zu zeichnen hast, kannst du mit Mustern oder Farben experimentieren. Oder du schneidest Fotos aus Zeitschriften aus, das kann auch cool aussehen!

DAS UNFASSBARE MÖBIUS-BAND

Dieser Trick ist ganz schön alt! Erfunden wurde das Möbius-Band schon 1858, und zwar gleichzeitig von Herrn Listing aus Göttingen und Herrn Möbius aus Leipzig. Es könnte also genauso gut Listing-Band heißen. Diese beiden Herren haben Verschiedenes gemacht, waren aber auch Mathematiker.

Der holländische Künstler M.C. Escher hat in den 1960er-Jahren ziemlich verwirrende Zeichnungen mit der unendlichen Form des Möbius-Bands gemacht.

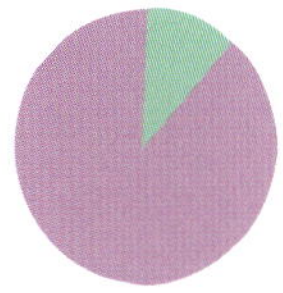

Zeitaufwand
Schnell.
Etwa 5 bis 10 Minuten plus etwas Übungszeit

ABRAKADABRA, dreimal schwarzer Buntstift – SCHNIPP, SCHNAPP! Mit dem Möbius-Band führst du richtig tolle Zaubertricks vor!

Zur Vorbereitung brauchst du nur minimal Zeit und ganz wenig Material. Allerdings solltest du die Tricks und das, was du deinem Publikum dazu erzählst, vorher etwas üben, damit deine Vorführung auch richtig verwirrend wird. Diesen Trick kannst du in mehreren Stufen vorführen.

Du brauchst

- ★ einen oder zwei lange Streifen normales Papier (z. B. 5 cm x 40 cm)
- ★ Klebeband
- ★ Schere
- ★ Stift

So geht's

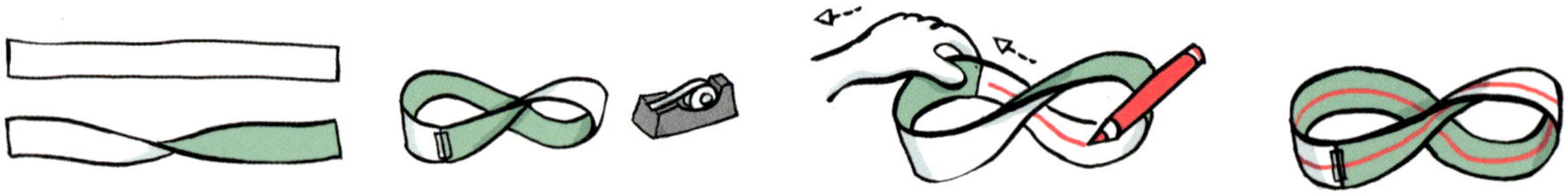

1 Informiere dein Publikum, was du Tolles kannst, zum Beispiel so: ***„Sehr verehrtes Publikum, werden Sie Zeuge meiner magischen Papierzauberkräfte! Ich bin in der Lage, auf beiden Seiten dieses Papiers einen Strich zu zeichnen, ohne das Papier zu wenden oder gar den Stift auf die andere Seite des Papiers zu setzen."***

Halte den Papierstreifen links und rechts an den schmalen Enden fest. Drehe nun auf einer Seite das Streifenende von unten nach oben und klebe den Streifen so verdreht zu einem Ring zusammen. Hierfür benutzt du ein Stückchen Klebeband.

2 Setze den Stift an einer beliebigen Stelle des Streifens an und drücke das Papier mit der Stiftspitze sanft auf den Tisch. Ziehe nun mit der anderen Hand das Papier langsam unter dem Stift entlang, sodass ein langer Strich in der Mitte des Streifens entsteht. Ziehe und ziehe immer weiter, bis der Anfang des Strichs wieder unter deinem Stift ankommt.

Bravo: Jetzt hast du einen Strich ohne Absetzen auf beide Seiten des Papiers gezeichnet – cool, oder?

Und wie geht der Trick weiter?

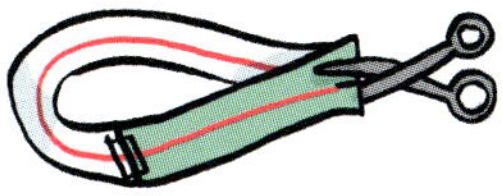

3 Du erklärst deinem Publikum: ***„Da ich für den nächsten Trick zwei schmalere Papierringe brauche, schneide ich nun den Ring auseinander."***

Knicke ein kleines Stückchen des Ringes zusammen und schneide auf deinem gezeichneten Strich einen kleinen Schlitz in das doppelte Papier.

4 Streiche den Knick wieder glatt und stecke die Scherenspitze in den Schlitz. Schneide von hier aus an dem Strich entlang durch die Mitte des Streifens. Pass auf, dass du ungefähr in der Mitte des Papiers bleibst. Kurz vor Ende kannst du sagen: ***„So, meine Damen und Herren, gleich geht es weiter, hier haben wir nun also die beiden Papierringe …"*** Und – SCHNIPP, SCHNAPP! – machst du den letzten Schnitt und hältst nicht etwa zwei, sondern einen einzigen, dünneren Ring in der Hand!

Möchtest du weiterzaubern? Dann könntest du so weitermachen:

5 Sei jetzt ebenso verblüfft wie dein Publikum und rufe: ***„Ich brauche doch zwei Ringe, das mache ich gleich noch einmal!"***

Knicke das Papier des nun dünneren Ringes, mache wieder einen kleinen Schlitz in der Mitte des Papiers und schneide von hier aus vorsichtig den Ring in der Mitte auseinander, so als hättest du auch hier einen Strich gezogen. Während du schnippelst, kannst du eine kleine Umfrage machen: „So, sehr verehrte Damen und Herren, was glauben Sie, was nun passiert?"

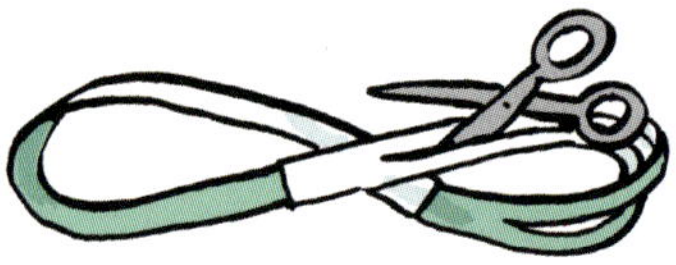

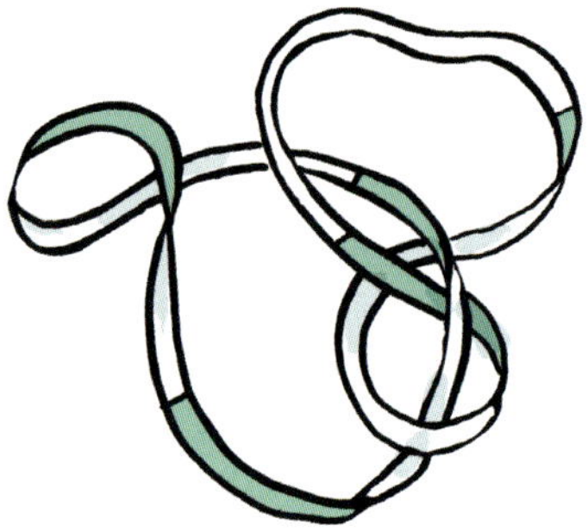

6 Dann machst du den letzten Schnitt und hältst – TADAA! – nicht etwa einen noch größeren Ring, sondern zwei ineinander verschlungene Ringe in der Hand.

Kann dein Publikum noch? Dann probiere mal das hier:

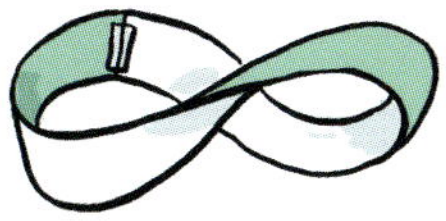

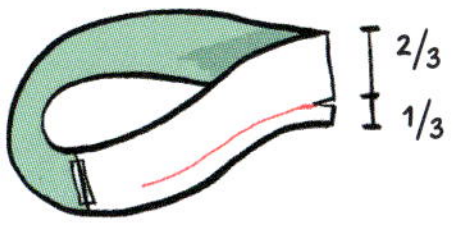

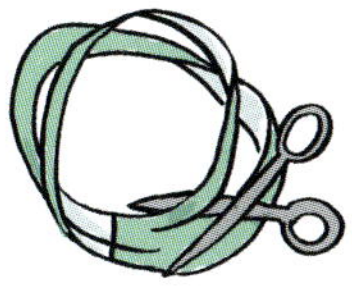

7 Du sagst: ***„Ja gut, das sind nun zwei Ringe, aber leider sind sie viel zu schmal für meinen nächsten Trick. Ich fang noch mal von vorn an!"*** Dann schnappst du dir einen zweiten Papierstreifen und klebst ihn wie bei Punkt 1 und 2 beschrieben zu einem neuen verdrehten Ring zusammen.

8 Knicke wieder ein Stückchen des Ringes und schneide einen kleinen Schlitz in das Papier – aber ACHTUNG: Dieses Mal schneidest du den Schlitz nicht in der Mitte des Streifens, sondern etwa bei einem Drittel der Breite. (Falls dein Streifen 5 cm breit ist, machst du den Schnitt etwa 1,6 cm von einem Rand entfernt. Aber keine Sorge, so ganz genau kommt es nicht darauf an.)

9 Von hier aus schneidest du jetzt wieder durch die Länge des Ringes. Wenn du beim Anfang des Schnitts vorbeikommst, wirst du sehen, dass du jetzt den Schnitt nicht triffst, sondern etwa 1,6 cm von der anderen Seite entfernt schneidest. Dann machst du den letzten Schnitt, und – SCHNIPP, SCHNAPP! – erhältst du dieses Mal nicht einen, sondern tatsächlich zwei verschlungene Ringe, allerdings einen großen und einen kleinen!

Wie geht es deinem Publikum jetzt? Der Applaus müsste nun eigentlich grandios sein!

Zeitaufwand
Ultraschnell.
Etwa 30 Sekunden plus etwas Übungszeit

SAGENHAFTE DIE QUADRATUR DER KREISE

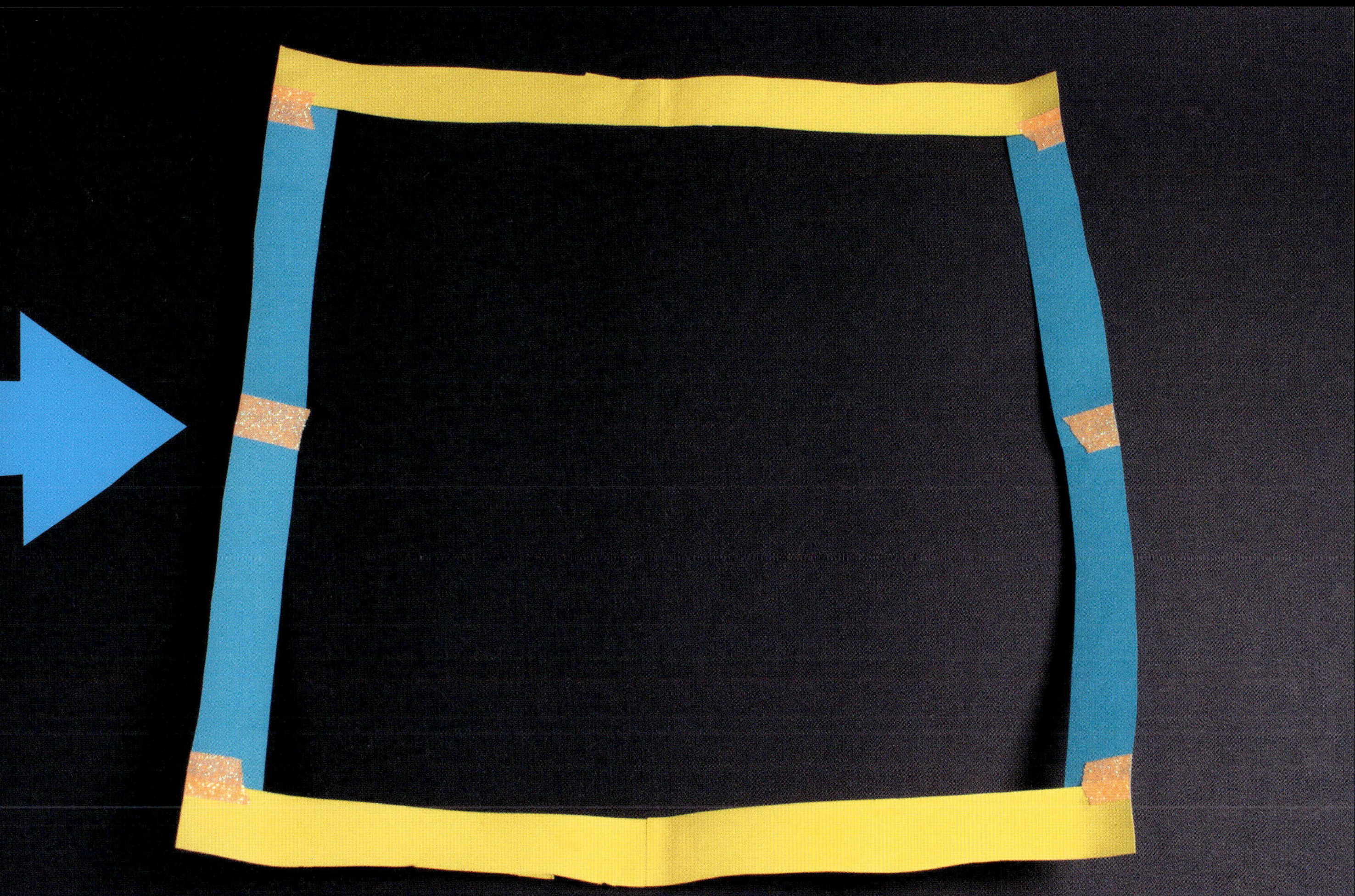

Mit diesem Trick kannst du die Vorstellungskraft deines Publikums ganz schön strapazieren.

Wenn du ihn direkt nach den Möbius-Bändern zeigst, ist die Verwirrung komplett. Auch hier brauchst du gar nicht viel, und nichts muss genau abgemessen werden. Du kannst den Trick also überall mal schnell zwischendurch zeigen.

Du brauchst

- zwei Streifen normales Papier: z. B. 4 cm x 30 cm
- Klebeband
- Schere

So geht's

1 Kündige deinem Publikum den Trick an, aber verrate nicht zu viel. Lege gut sichtbar die beiden Streifen zu einem Kreuz und fixiere die „Kreuzung" mit Klebeband.

2 Fasse nun die Enden des einen Streifens, biege ihn zu einem Ring und klebe ihn mit Klebeband zusammen.

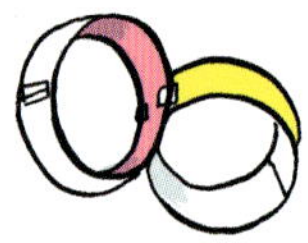

3 Mache das Gleiche mit dem anderen Streifen. Nun hast du zwei verbundene Ringe. Einer ist flach und einer hochkant.

4 Frage jetzt dein Publikum: ***„Sehr verehrtes Publikum, wer von Ihnen kann sich vorstellen, was passiert, wenn ich diese Ringe in der Länge auseinanderschneide?"*** Noch während deine Zuschauer rätseln – zwei halbe Kreise? Vier Kreise? –, knickst du ein kleines Stückchen des einen Rings zusammen und schneidest einen kleinen Schlitz in das doppelte Papier.

5 Streiche den Knick glatt, stecke die Scherenspitze in den Schlitz und schneide von hier aus längs durch die Mitte des einen Rings. Auch da, wo sich die beiden Streifen kreuzen, schneidest du weiter. Wenn du mit dem ersten Ring fertig bist, hast du eine Art Papierhandschelle hergestellt.

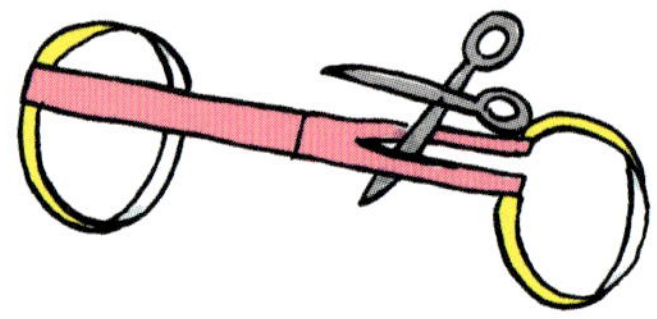

6 Der zweite Ring ist nun wieder ein langer Streifen zwischen den beiden halben Ringen. Schneide den Streifen ebenfalls der Länge nach in der Mitte auseinander. Werde zum Schluss etwas langsamer und verkünde: ***„Mein sehr verehrtes Publikum, werden Sie nun Zeuge der sagenhaften Quadratur der Kreise!"***

Und was passiert dann?

Du greifst mit jeder Hand eine der neu entstandenen Ecken, raschelst etwas mit dem Papier herum und, BÄMM!, hältst du deinem Publikum ein perfektes Papierquadrat vor die Nase!

WINDSURFING
CHIEMSEE

Wir heben ab!

Unglaublich, dass ganz normales Papier mit ein paar Faltungen und Kniffen plötzlich so toll durch die Luft segelt. Es gibt sehr viele unterschiedliche Papierflieger. Für dieses Buch haben wir dir vier Modelle mit ganz besonderen Flugeigenschaften herausgesucht. Wir wünschen dir guten Flug!

MAGISCHES

GEFLÜGEL

Für alle Papierflieger gibt es ein paar Grundregeln:

- Papierflieger fliegen am besten, wenn sie ganz scharfe Faltungen haben. Ziehe hierfür alle Faltlinien mit einem Falzbein oder einem Scherengriff nach, als ob du ein Brot mit Butter bestreichst. Falls du nicht weißt, wie das geht, schaue auf Seite 130 nach.
- Baue alle Flieger erst mit ganz normalem A4-Papier, dann weißt du, worauf du achten musst. Wenn dir der Flieger gefällt, kannst du ihn mit A3-Papier oder auch mit ganz großem Papier nachbauen. Das Papier darf aber nicht zu dick und schwer sein, sonst kann der Flieger nicht starten. Gut geeignet sind zum Beispiel alte Poster und Plakate. Oder auch große Kalenderblätter.
- In den Anleitungen haben wir eine Seite des Papiers immer eingefärbt. So kannst du sehen, wo nachher beim Flieger die Ober- oder Unterseite des Papiers landet. Das ist vor allem praktisch für bedruckte Papiere. Aber du kannst deine Flieger natürlich auch aus einfarbigem Material bauen!
- Alle Flieger brauchen nach dem Falten und vor dem Fliegen ein „Tuning". Dass bedeutet, dass du den fertig gebauten Flieger noch etwas in Form bringst, damit er richtig gut fliegt. Dazu kannst du ihn mit einer Hand so anfassen, als würdest du ihn werfen. Mit der anderen Hand biegst du die Tragflächen und die Seitenruder ganz symmetrisch in Form.
- Und ganz wichtig: Das Werfen von Papierfliegern muss man ein bisschen üben, damit sie toll gleiten. Dabei spielt auch das Wetter eine Rolle. Bei Wind ist ein schöner Flug natürlich schwieriger. Vielleicht hast du ja auch Platz in eurem Wohnzimmer?

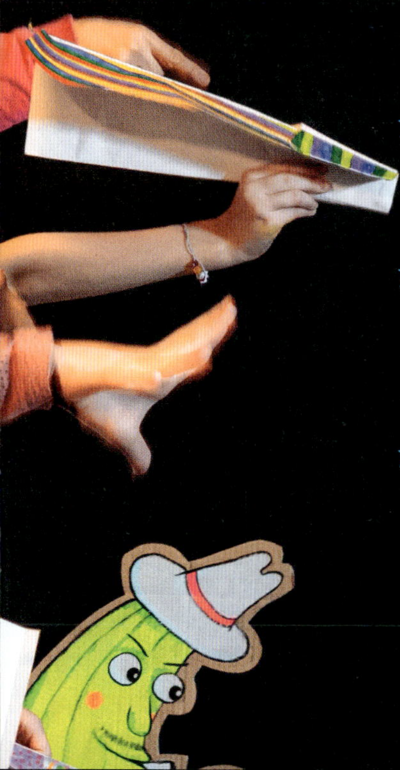

LOOP-MACHINE

Zeitaufwand
Superschnell.
Etwa 5 Minuten
plus Dekorationszeit

Diese Loop-Machine fliegt lustige kleine Kreise und Kurven.

Sie fliegt eigentlich genau so, wie man sich eine ideale Papierschwalbe vorstellt.

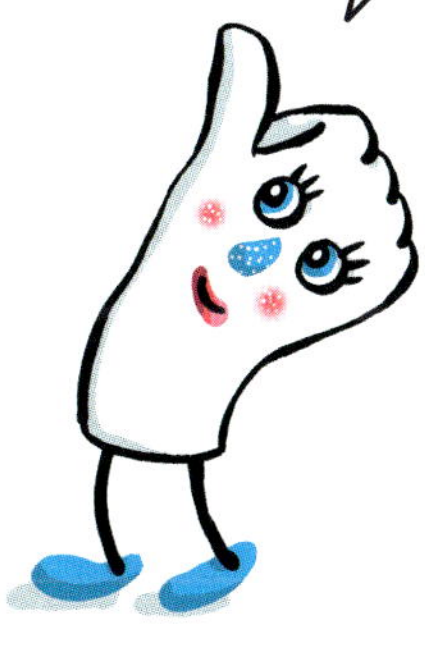

Du brauchst

- ★ erst mal ein Blatt A4-Papier, später vielleicht größer
- ★ Falzbein
- ★ Schere
- ★ eventuell Stifte zum Verzieren

So geht's

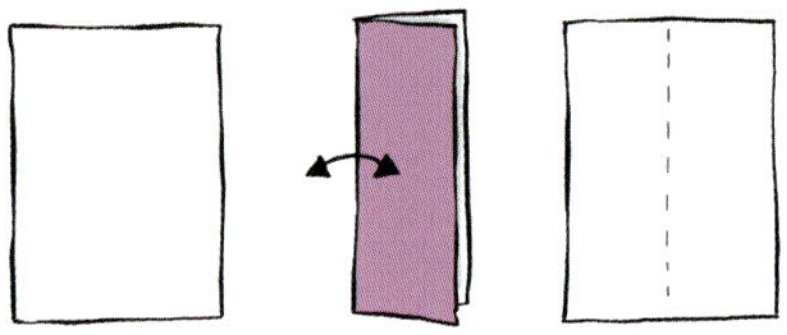

1 Falte das Papier längs zur Hälfte, ziehe die Faltkante scharf nach und öffne das Papier wieder.

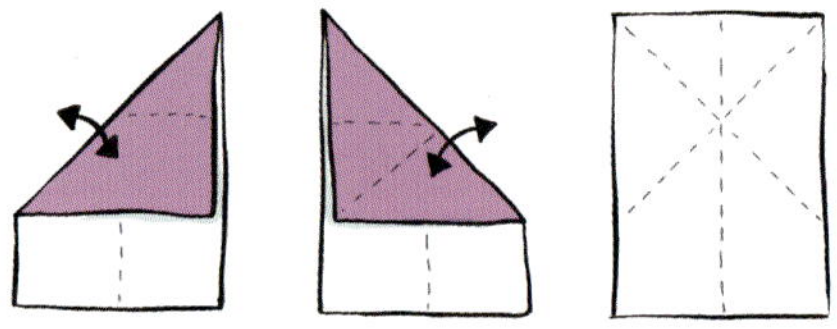

2 Biege die obere Papierkante schräg rüber zur rechten Seite, ziehe die Faltkante nach und öffne das Papier. Mache das Gleiche zur linken Seite. In der oberen Mitte kreuzen sich nun drei Faltlinien.

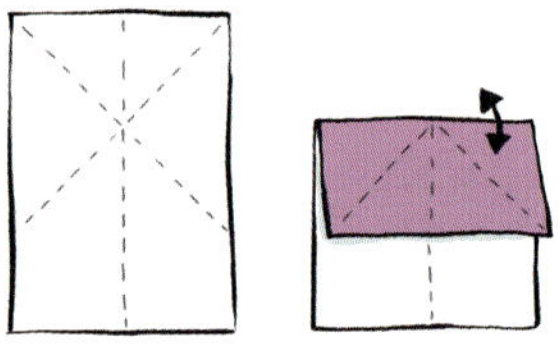

3 Klappe die obere Kante des Papiers so nach unten, dass diese Faltlinien-Kreuzung ganz oben ist. Ziehe die Faltkante nach und öffne das Papier.

4 Falte das obere Drittel des Papiers erneut nach unten. Bringe dabei die Seiten des Papiers nach innen, sodass das Ganze nun aussieht wie ein Haus mit einem spitzen Dach.

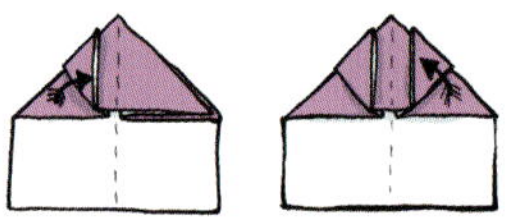

5 Biege die linke „Dachkante" schräg hoch Richtung Mitte. Aber Achtung: nicht ganz bis an die Mittellinie. Falls du A4-Papier benutzt, bleibt ein etwa 2 cm breiter Spalt zur Mitte. Mache das Gleiche mit der rechten „Dachkante".

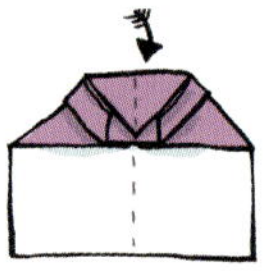

6 Falte jetzt die Spitze des Fliegers nach unten.

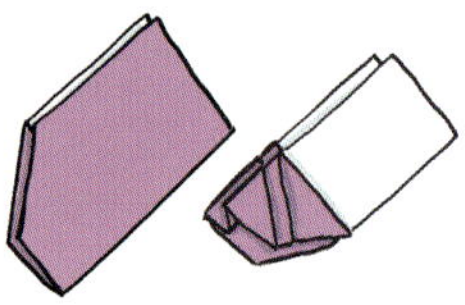

7 Knicke den ganzen Flieger an der Mittellinie, alle Faltungen sollen innen liegen. Für die Tragflächen faltest du beide Flügel etwa 2 cm vom Mittelfalz entfernt nach unten.

8 Knicke die beiden seitlichen Kanten der Tragflächen schmal nach oben. Ungefähr 1 cm reicht. Für bessere Loopings kannst du an den hinteren Enden der Tragflächen je zwei kleine Schnitte mit etwa 3 cm Abstand machen. Knicke das Stück Papier zwischen den Schnitten nach oben.

LASERLINER

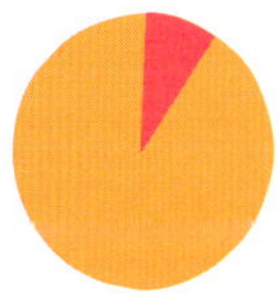

Zeitaufwand
Superschnell.
Etwa 5 Minuten
plus Dekorationszeit

Ein Geradeausgleiter

Der Laserliner fliegt messerscharf und ruhig über sehr weite Strecken. Dieses Modell kann auch prima in ganz Groß nachgebaut werden. Das macht richtig Spaß!

Du brauchst

- ★ erst mal ein Blatt A4-Papier, später vielleicht größer
- ★ Falzbein oder einen Scherengriff
- ★ Klebeband
- ★ eventuell Stifte zum Verzieren

So geht's

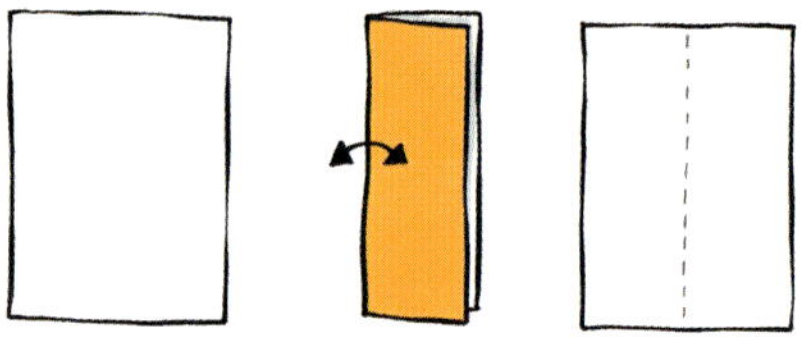

1 Falte das Papier längs zur Hälfte, ziehe die Faltkante scharf nach und öffne das Papier wieder.

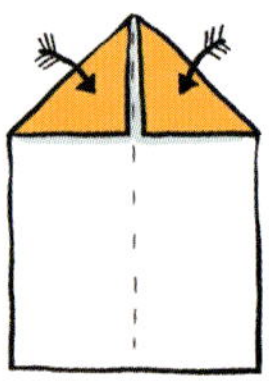

2 Falte die rechte und die linke obere Ecke zur Mittellinie und ziehe die Faltkanten nach.

3 Falte die obere Spitze des Papiers nach unten, die Spitze trifft auf die beiden Ecken.

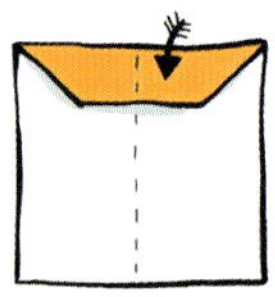

4 Knicke nun alles, was gefaltet ist, noch einmal nach unten.

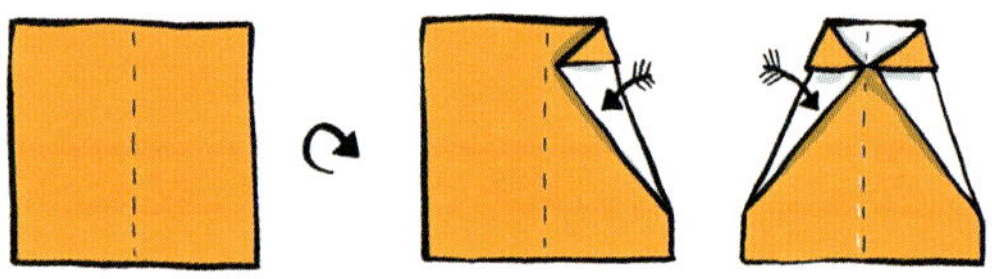

5 Wende das Papier, sodass die Unterseite oben ist. Biege nun die neue rechte obere Ecke etwas schräg runter zur Mittellinie, bei A4-Papier etwa 5 cm von der oberen Kante entfernt. Ziehe die Faltkante nach. Mache das auch mit der linken Ecke.

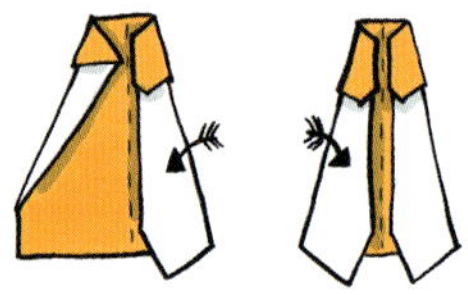

6 Falte die rechte, etwas schräge Außenkante an die Mittellinie. Mache das genauso mit der linken Außenkante.

7 Klappe nun den Flieger an der Mittellinie zusammen, sodass die anderen Faltungen die Tragflächen bilden.

8 Fixiere die unten am Rumpf aufspringenden Dreiecke mit einem kleinen Stückchen Klebeband.

SCHNÖRKEL-QUEEN

Zeitaufwand
Superschnell.
Etwa 5 Minuten
plus Dekorationszeit

Bei diesem Modell kommen ein paar Origami-Tricks zum Einsatz!

Die Schnörkel-Queen wird etwas anders gebaut als die meisten Papierflugzeuge. Sie fliegt lustige Schnörkel und Spiralen und kann auch sehr gut in großen Treppenhäusern gestartet werden.

SCAN ME!

Wie der Origami-Trick genau funktioniert, zeigt dir dieses Video!

Du brauchst

- ★ erst mal ein normales Blatt A4-Papier, später vielleicht größer
- ★ Falzbein oder Scherengriff
- ★ eventuell Stifte zum Verzieren

So geht's

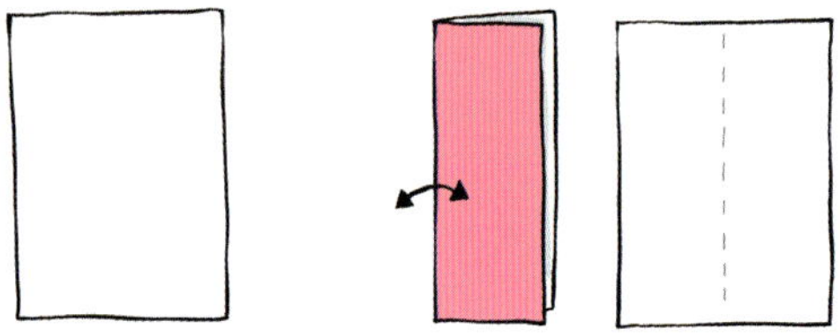

1 Falte das Papier längs zur Hälfte, ziehe die Faltkante scharf nach und öffne das Papier wieder.

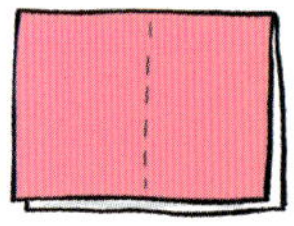

2 Falte das Papier jetzt quer zur Hälfte.

3 Falte die rechte Kante zur Mittellinie und öffne das Papier wieder. Mache das Gleiche mit der linken Kante.

4 Schiebe nun von rechts eine Hand zwischen die Papierlagen, öffne die rechte Seite und drücke sie gleichzeitig flach, sodass oben eine dreieckige Spitze entsteht. Mache das Gleiche mit der linken Seite.

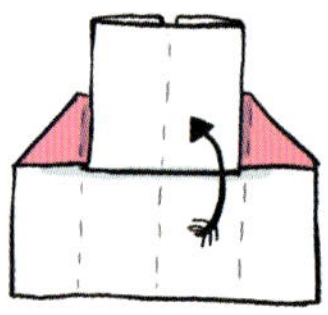

5 Klappe den neu entstandenen Mittelteil nach oben. Ziehe die Kante nach.

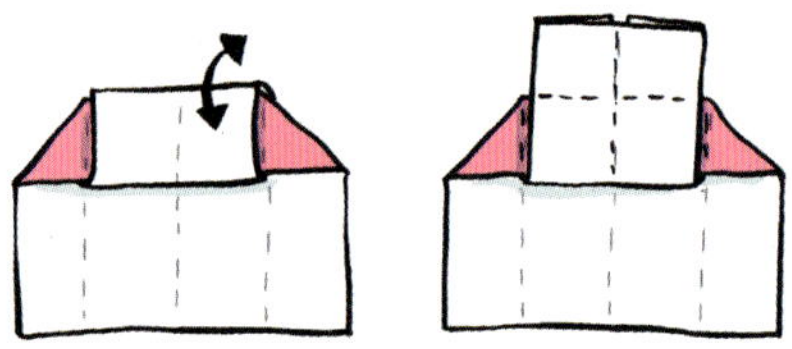

6 Knicke das oben überstehende Teil nach hinten um, ziehe die Kante nach und klappe es zurück.

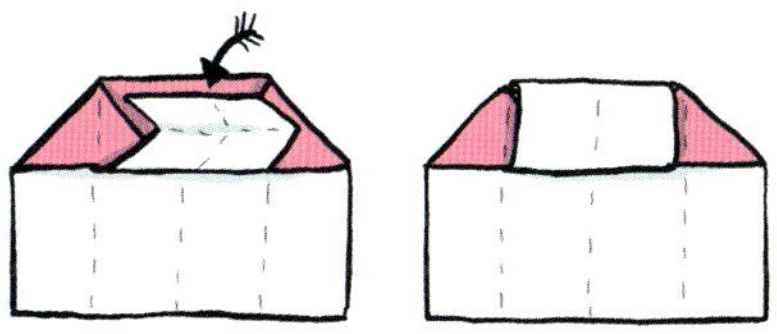

7 Nun wird es etwas fummelig: Öffne die obere Kante des Fliegers und stecke das eben noch umgeklappte Teil in die entstehende „Tasche".

8 Jetzt fehlen nur noch ein paar zusätzliche Längsfalten: Wenn du mit A4-Papier bastelst, braucht die Schnörkel-Queen alle 2,5 cm eine Faltung.

9 Falte nun den ganzen Flieger flach in Zickzackform. Das sieht fast wie ein Fächer aus.

10 Jetzt kannst du die Schnörkel-Queen in Form bringen. Die glatte Seite ohne Faltung ist oben, und die Tragflächen werden links und rechts wie Treppen aufgestellt.

FLATTER-TÖNNCHEN

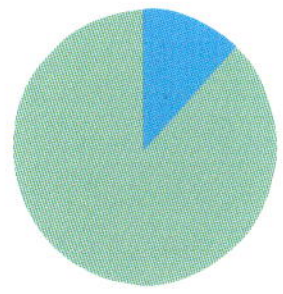

Zeitaufwand
Schnell.
Etwa 8 Minuten
plus Dekorationszeit

Das Ding sieht ja gar nicht so aus, als ob es fliegen könnte!

Man könnte es für einen futuristischen Armreifen oder eine gefaltete Serviette in einem Restaurant halten. Aber das täuscht. Das Flatter-Tönnchen fliegt ganz wunderbar und flattert dabei mit seinen kleinen Flügeln.

Du brauchst

- ★ ein normales Blatt A4-Papier
- ★ Bleistift
- ★ Schere
- ★ Büroklammer
- ★ eventuell Stifte zum Verzieren

So geht's

1 Schneide von dem A4-Papier ein quadratisches Stück ab. Falte dafür die obere Papierkante schräg rüber zur rechten Seite. Ziehe an der doppelten Papierlage entlang einen Bleistiftstrich. Öffne das Papier wieder und schneide es der Linie entlang durch.

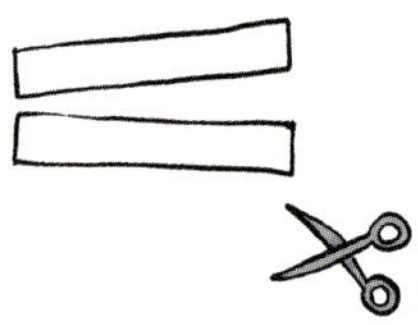

2 Schneide nun das andere Stück Papier der Länge nach in zwei Teile und lege diese erst mal zur Seite. Du wirst später nur einen Streifen brauchen.

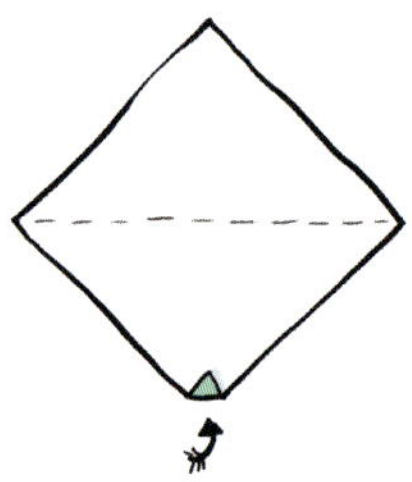

3 Lege das quadratische Stück Papier diagonal vor dich, sodass die Faltlinie quer verläuft. Falte jetzt von der unteren Spitze aus ein kleines Dreieck hoch. Das Dreieck sollte etwa 1,5 cm hoch sein. Ziehe die Faltkante scharf nach.

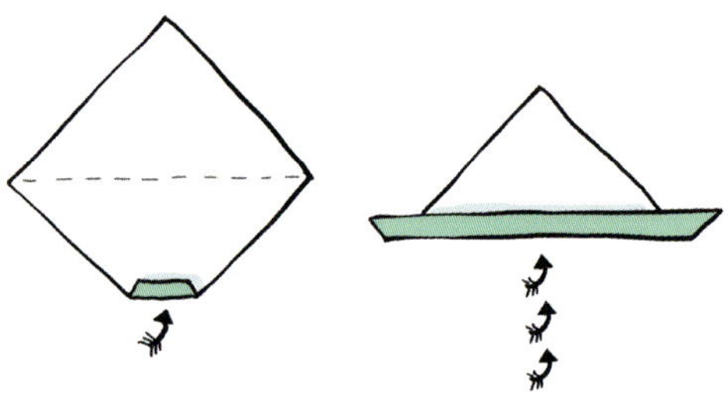

4 Falte das umgeklappte Dreieck erneut nach oben. Wickle das Papier so weiter auf, bis du über die Mittellinie gekommen bist. Das Ganze sieht nun aus wie ein großes Dreieck.

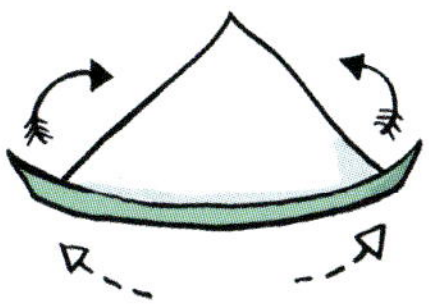

5 Jetzt kommt die Tönnchen-Form. Ziehe dafür die gewickelte Kante mehrfach zwischen Daumen und Zeigefinger durch, bis sich das Papier rundet.

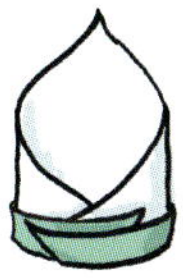

6 Forme das Dreieck zu einer Rolle. Stecke ein Ende der umwickelten Kante in das andere. Halte es kurz so fest.

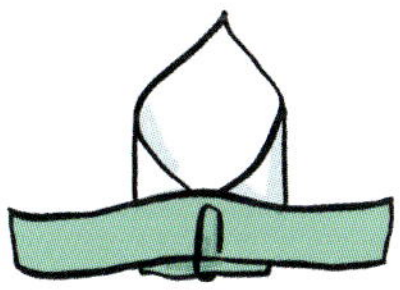

7 Befestige einen der länglichen Papierstreifen mit der Büroklammer an der doppelten Lage der Rolle.

Und wie fliegt das Flatter-Tönnchen?

Fasse mit Zeige- und Mittelfinger in das Tönnchen und drücke von unten mit dem Daumen leicht dagegen. Wirf nun das Tönnchen mit einem kleinen Schubs etwas nach oben in die Luft.

MAGISCHE

BÜCHER & CO

In diesem Kapitel findest du heraus, wie du kleine Bücher aus nur einem Blatt Papier schneiden und falten kannst. Außerdem gibt es Anleitungen für ein paar Umschläge aus einem Stück Papier. Damit könntest du die Papierobjekte aus diesem Buch gleich an jemanden verschicken!

KLEINES SCHNELLBUCH

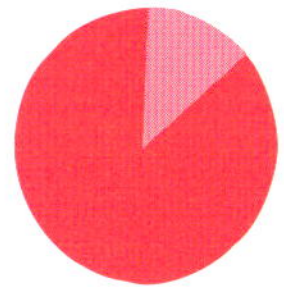

Zeitaufwand
Schnell.
Etwa acht Minuten,
dazu die Zeit, um das
Schnellbuch zu gestalten

Ruckizucki kann man mit dieser Technik ein Minibuch aus einem Blatt Papier herstellen.

Das kennst du vielleicht schon. Aber hast du schon mal einen Buchumschlag dafür gebastelt? Oder kennst du den Seiten-Verbindungs-Trick?
Und wusstest du, dass du mit dem Schnellbuch-Prinzip sogar ein Pop-up-Buch machen kannst?

Du brauchst

- ★ erst mal ein normales Blatt A4-Papier, später vielleicht größeres oder festeres Papier
- ★ Falzbein oder Scherengriff
- ★ Schere

SCAN ME!

Tja, los geht's. Oder willst du dir vorher noch das Video dazu anschauen?

So geht's

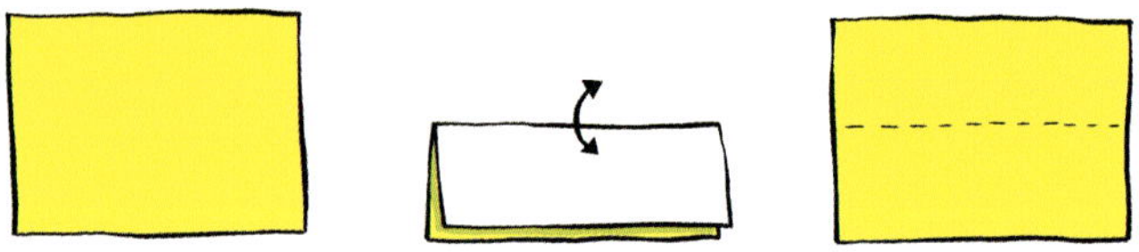

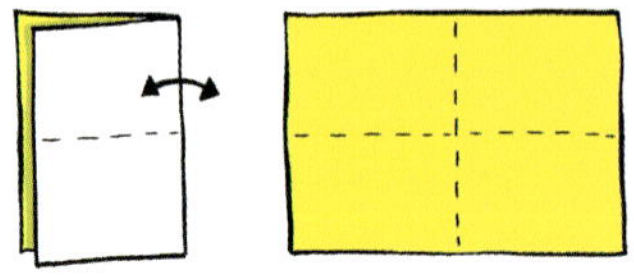

1 Lege das Papier quer vor dich, falte es längs zur Hälfte, ziehe die Faltkante scharf nach und öffne das Papier wieder.

2 Falte das Papier jetzt quer zur Hälfte und öffne es wieder.

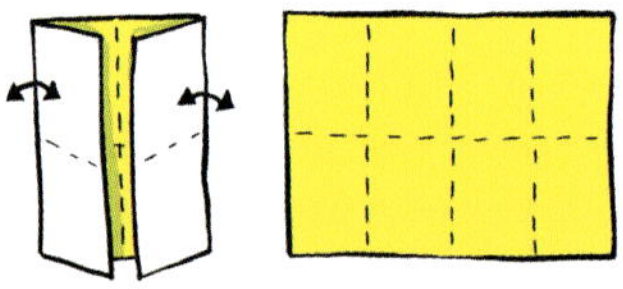

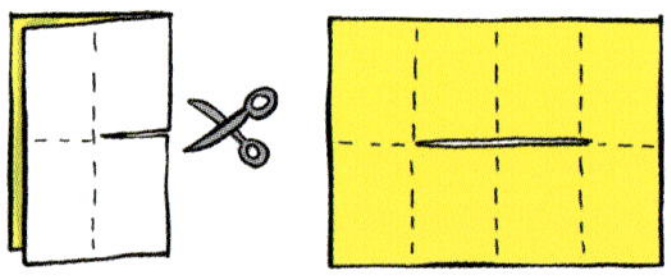

3 Falte die rechte und die linke Kante zur Mittellinie und öffne das Papier erneut. Jetzt ist dein Papier in acht gleiche Rechtecke unterteilt.

4 Falte das Papier wieder quer zur Hälfte. Schneide von der geschlossenen Seite aus auf der Faltlinie bis zur Mitte des gefalteten Papiers. Öffne das Papier. Jetzt ist ein Schlitz mittendrin.

5 Falte das Papier erneut längs zur Hälfte und bringe es in Buchform. Fasse hierfür die doppelten Papierlagen mit beiden Händen links und rechts an und bringe die äußeren Kanten zur Mitte. Das Papier soll sich von oben gesehen wie ein Kreuz auffalten und bekommt vier „Flügel".

6 Aus den Flügeln werden jetzt die Buchseiten: Bringe sie alle auf eine Seite und ziehe den Buchrücken noch einmal scharf nach.

Und wie geht es jetzt weiter mit dem Schnellbuch?

Du hast viele Möglichkeiten!

1 Du könntest jetzt einfach loslegen und etwas in das Buch hineinschreiben oder zeichnen. Die sechs Innenseiten reichen für eine Ultra-Kurzgeschichte mit Anfang, Mitte und Ende.!

2 Stört dich, dass die doppelten Seiten des Buches offen stehen? Dann schau dir den Trick auf der nächsten Seite an.

3 Du kannst deinem Schnellbuch auch einen Umschlag basteln. Wie, das erklären wir ab Seite 106.

4 Mit der Schnellbuch-Technik bastelst du dir auch ein Ruckzuck-Pop-up-Buch. Wie das geht, zeigen wir dir ab Seite 110.

SEITEN-VERBINDUNGS-TRICK

Zeitaufwand
Ultraschnell.
Mit etwas Übung
30 Sekunden

Falls dich stört, dass die Seiten des Schnellbuchs offen sind, kommt hier die Rettung.

Bei den drei Schnellbüchern liegen immer zwei Seiten aufeinander und bilden quasi eine Buchseite. Du kannst sie natürlich einfach mit einem Klebestift zusammenkleben. Du könntest aber auch diesen eleganten Seiten-Verbindungs-Trick anwenden.

Du brauchst

- Schnellbuch mit geöffneten Seiten
- Stecknadel
- Schere

So geht's

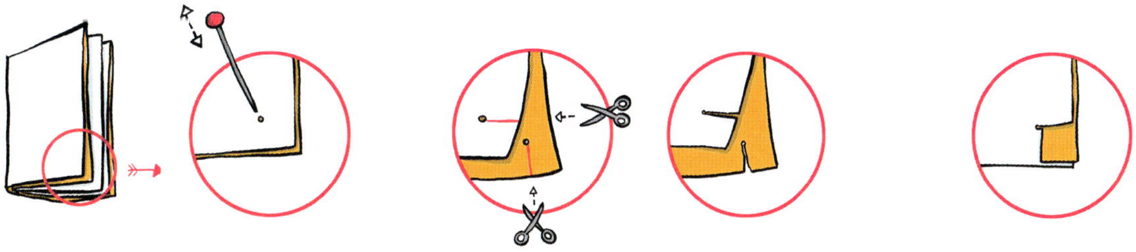

1 Halte die ersten beiden zusammengehörigen geöffneten Seiten des Buches fest und pikse etwa 1 cm von der Ecke entfernt ein kleines Loch durch beide Lagen.

2 Schneide nur durch die obere Seite von rechts einen kleinen waagerechten Schnitt bis zum Loch. Dann schneide von unten durch die untere Seite einen kleinen senkrechten Schnitt bis zum Loch. Jetzt hat jede Seite eine kleine Lasche.

3 Verhake die beiden Laschen wie auf der Zeichnung miteinander – das war's schon!

SCHNELLER UMSCHLAG FÜR DAS SCHNELLBUCH

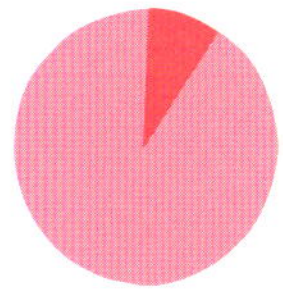

Zeitaufwand
Superschnell.
Etwa 1 bis 5 Minuten
plus Dekorationszeit

Moment, da fehlt ja noch der Buchumschlag!

Noch ist dein Schnellbuch eigentlich eher ein Schnellheft. Hier gibt es ein paar fixe Lösungen für das Problem.

Du brauchst

- ★ ein Stück dünne Pappe, etwa 1 cm größer als eine Postkarte
- ★ Bleistift
- ★ Falzbein oder Büroklammer
- ★ Geodreieck
- ★ Bastelkleber
- ★ eventuell Textilklebeband
- ★ Schere

Umschlag-Variante A:

Für einen schnellen Buchumschlag knickst du die dünne Pappe in der Mitte zweimal ganz dicht nebeneinander, so entsteht ein Buchrücken. Dann bestreichst du die erste und die letzte Seite des Schnellbuchs mit Klebstoff und klebst das Buch in dem Umschlag.

Und falls es noch ein bisschen schneller gehen soll, knickst du die dünne Pappe nur einmal in der Mitte.

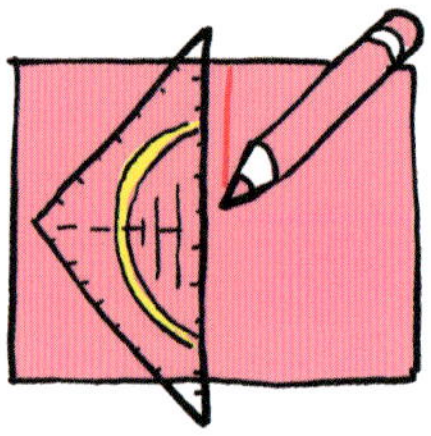

1 Zeichne mit Geodreieck und Bleistift in der Mitte der Pappe eine Linie.

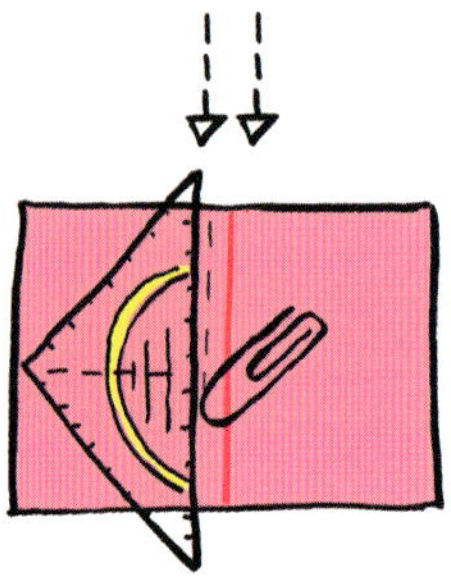

2 Ziehe nun etwa 1 mm links und 1 mm rechts von der Linie mit dem Falzbein oder der Büroklammer an dem Geodreieck entlang eine Rille. Hier lässt sich die Pappe dann viel besser knicken.

3 Bringe die Pappe in Buchumschlag-Form und klebe dein Schnellbuch hinein, indem du die erste und die letzte Seite an die Umschlaginnenseite leimst.

Umschlag-Variante B:

Wenn deine Pappe zu dick zum Knicken ist, kannst du auch zwei Buchdeckel mit einem flexiblen Rücken aus Klebeband machen. Schneide hierfür zwei Stückchen Pappe zu, genauso breit wie dein Buch und einen halben Zentimeter länger.

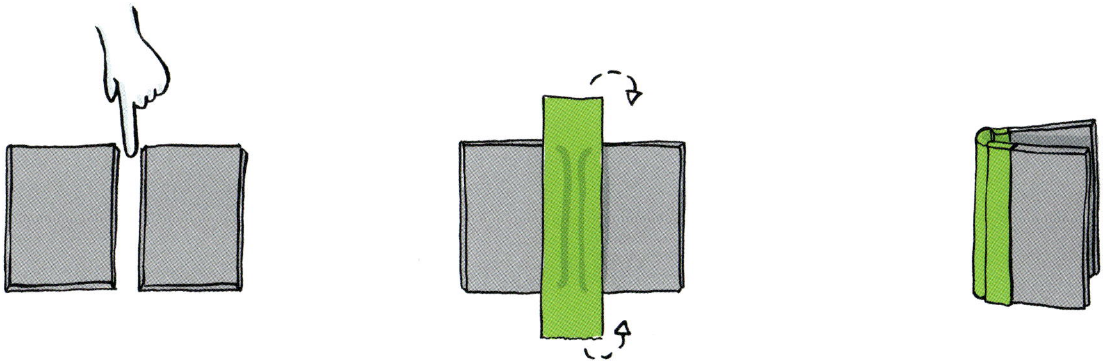

1 Lege die Pappstückchen so nebeneinander, dass dein Finger dazwischen passt.

2 Verbinde die Pappstückchen, indem du einen oder zwei Streifen Textilklebeband über die Lücke klebst. Am besten von beiden Seiten. Das wird dein Buchrücken!

3 Klebe nun dein Schnellbuch in den Umschlag.

RUCKZUCK-POP-UP-BUCH

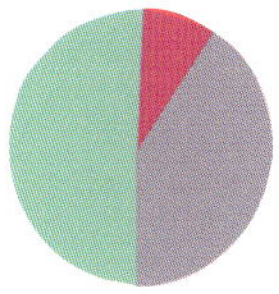

Zeitaufwand
Sehr unterschiedlich.
Zwischen 5 und 30 Minuten …

Weißt du, was ein Pop-up-Buch ist?

Das ist ein Buch, bei dem sich Papierteile herausfalten, wenn man es öffnet. Normalerweise dauert es mindestens ein Jahr, so ein Buch zu entwerfen und zu produzieren. Aber mit dieser Technik bastelst du dir in Lichtgeschwindigkeit ein Mini-Pop-up-Buch – das wird das vielleicht schnellste Pop-up-Buch der Welt!

Du brauchst

- ein Schnellbuch, gebastelt nach der Anleitung von S. 100, aber mit festerem A4-Papier (120g–160g)
- Bleistift und Radiergummi
- Schere
- Bastelkleber
- extra Papier für die Pop-ups, A5, 160g
- Stifte

So geht's

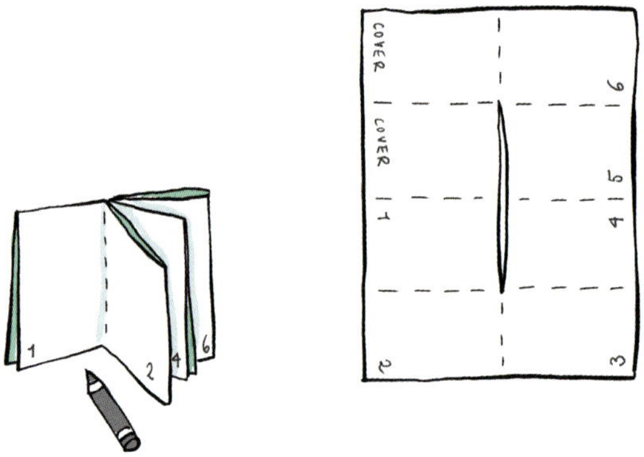

1 Damit du gleich nicht den Überblick verlierst, markiere dir mit einem Bleistift die Seitenzahlen in dem Schnellbuch. Falte es dann wieder auf.

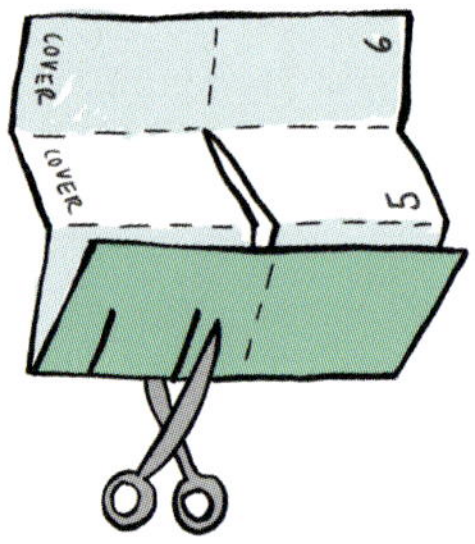

2 Falte nur die Seite 1/2 zusammen und schneide von der Rückseite aus zwei kleine Schnitte in den Falz.

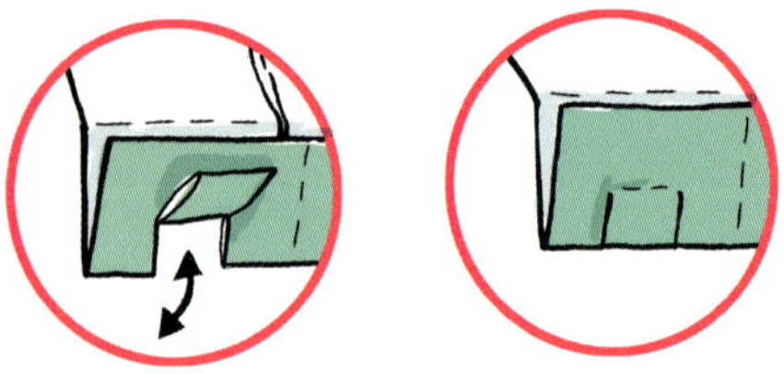

3 Knicke das Stückchen Papier zwischen den Schnitten wie ein kleines „Tor" nach oben, ziehe die Kante nach und falte es zurück.

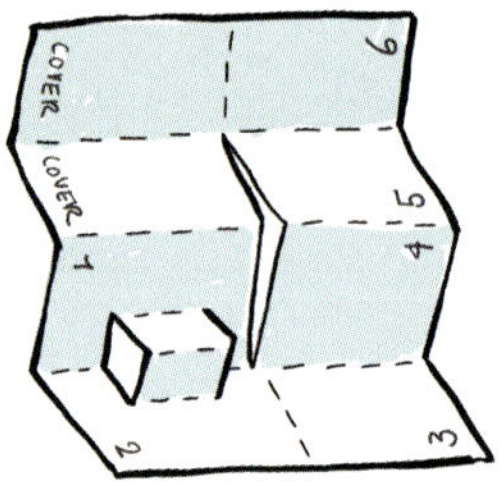

4 Drücke nun das kleine „Tor" von der Rückseite aus nach innen, sodass auf Seite 1/2 ein kleines Pop-up-Kästchen entsteht.

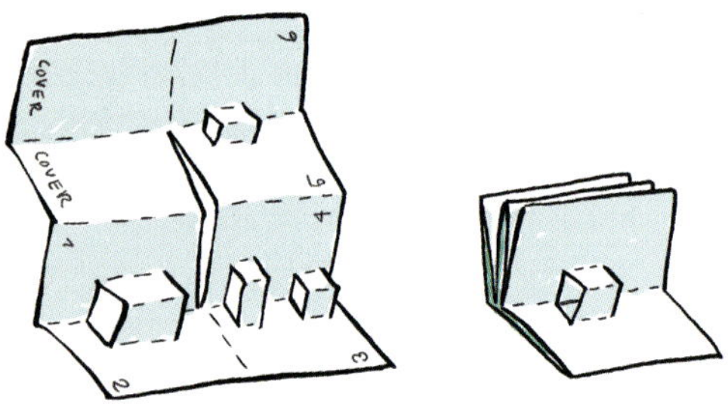

5 Mache das Gleiche für die Seiten 3/4 und 5/6. Oder mache doch mal ganz viele schmale Kästchen nebeneinander.

SCAN ME!

Falls du dir nicht vorstellen kannst, wie das mit den Pop-ups funktionieren soll, dann schau dir dieses Video an!

Deine Pop-up-Kästchen kannst du in ganz vielen unterschiedlichen Varianten ausschneiden!

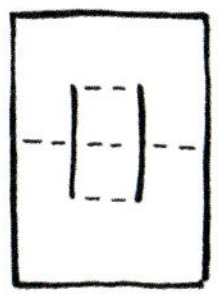

Klassisch
Du brauchst zwei gleich lange Schnitte.

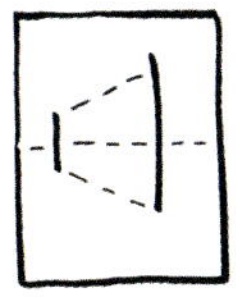

Schräg
Hierfür müssen deine zwei Schnitte unterschiedlich lang sein.

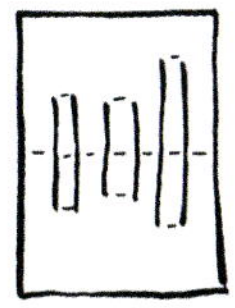

Abwechslung
Funktioniert wie die normalen, aber du schneidest mehrere unterschiedlich lange Schnitt-Paare.

Und wie geht es jetzt weiter mit den Pop-ups?

Hast du auf allen Seiten ein kleines Pop-up-Kästchen hergestellt? Dann könntest du jetzt die Kästchen direkt anmalen: Das können z. B. Häuser, Schachteln, Bauklötze oder Geschenke werden.

Oder du zeichnest etwas auf ein extra Stück Papier, schneidest die Zeichnung aus und klebst sie an ein Pop-up-Kästchen: Schon steht deine Zeichnung auf, wenn du das Buch öffnest!

Hierfür ist es besser, wenn dein Pop-up-Kästchen nicht zu groß ist, dann hat deine Zeichnung mehr Platz.

Aber das findest du beim Machen schon ganz schnell selbst heraus!

Hallo

WINDSURFING

Zick Zack viele Seiten Schnell Buch

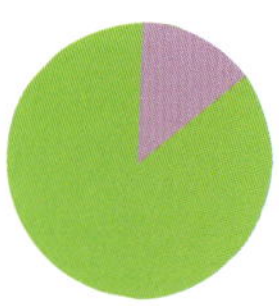

Zeitaufwand
Schnell.
Etwa 10 Minuten

Du brauchst

- ein normales Blatt A4- oder A3-Papier
- Falzbein oder Scherengriff
- Schere
- Klebestift

Das kleine Schnellbuch von Seite 100 findest du ganz gut, aber leider etwas kurz geraten?

Dann haben wir für dich genau den passenden Vorschlag: Das Zickzack-viele-Seiten-Schnellbuch! Hier gibt es eine Anleitung für ein kleines Buch mit sechs Doppelseiten. Aber wenn du das Papier in noch mehr gleich große Rechtecke faltest, kannst du auch viel mehr Seiten in einem Buch unterbringen!

So geht's

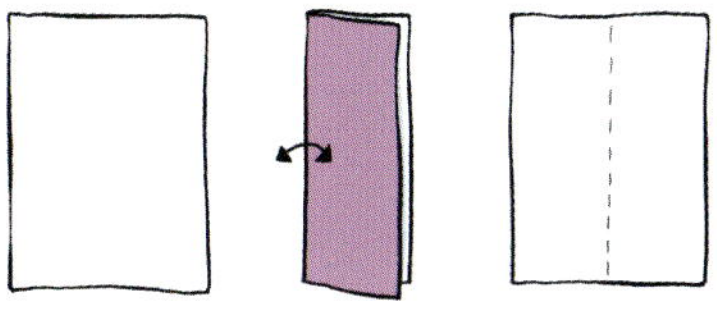

1 Lege das Papier vor dich und falte es längs zur Hälfte, ziehe die Faltkante scharf nach und öffne das Papier wieder.

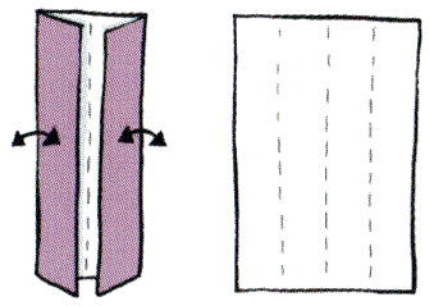

2 Falte die rechte und die linke Kante zur Mittellinie und öffne das Papier wieder.

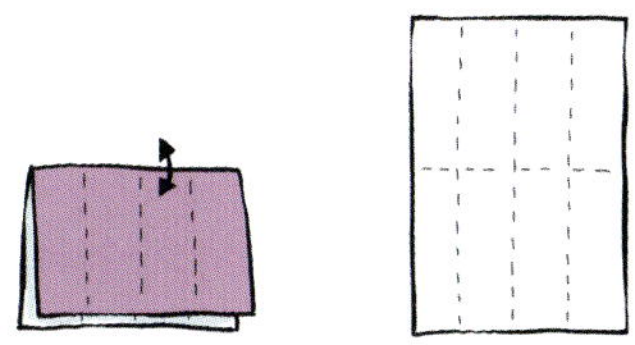

3 Falte nun das Papier quer zur Hälfte und öffne es wieder.

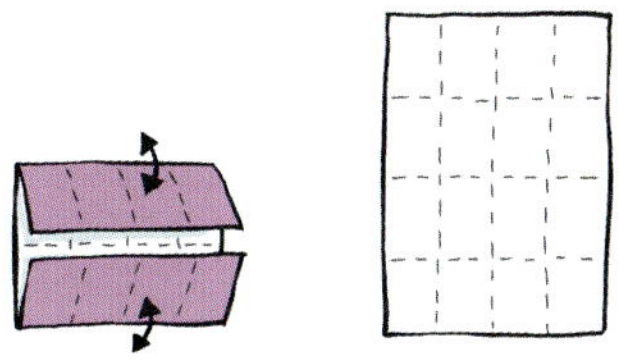

4 Falte die obere und untere Kante zur Mittellinie und öffne das Papier. Jetzt ist es in 16 gleiche Rechtecke unterteilt.

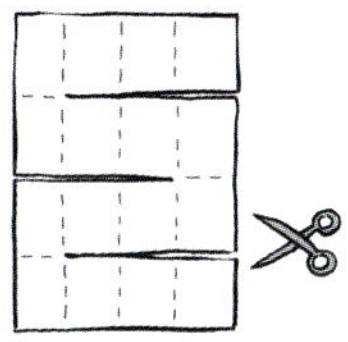

5 Schneide wie auf der Zeichnung drei Schnitte in das Papier, sodass alle Rechtecke wie eine lange Schlange aneinanderhängen.

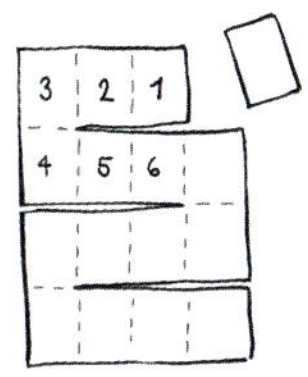

6 Schneide das Rechteck oben rechts ab.

7 Jetzt bringst du das Buch in Form. Falte hierfür die Seiten immer im Zickzack: Klappe die erste Seite oben rechts nach vorn um – ZICK –, klappe dann die doppelt gefalteten Seiten nach hinten um – ZACK –, klappe jetzt die dreifache Lage wieder nach vorn – ZICK … Mache immer so weiter, bis du einen dicken Zickzack-Stapel hast.

8 Die allerletzte Seite wird der Buchrücken. Falte sie um das kleine Buch herum und mache einen zweiten Knick wie auf der Zeichnung. Die Ecken kannst du etwas schräg anschneiden. Klebe die letzte Seite an dem Zickzack-Stapel fest.

Und wie geht es jetzt weiter mit dem Zickzack-Buch?

Genauso wie beim kurzen Schnellbuch: Du benutzt das Buch einfach so, verbindest die offenen Seiten miteinander (Seite 104) oder bastelst einen Umschlag für dein Buch (Seite 108).

SUPER GEHEIMER GEHEIM-UMSCHLAG

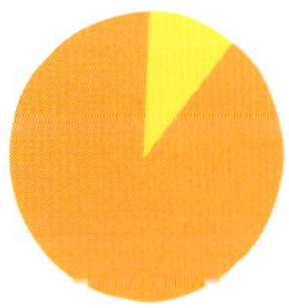

Zeitaufwand
Schnell.
Vielleicht
5 bis 10 Minuten

Dieser Umschlag hat einen doppelten Boden. Darin kannst du geheime Botschaften verstecken!

Zur Tarnung legst du eine unverfängliche Nachricht auf die Etage darüber – so sind deine Geheimnisse gut versteckt.

Du brauchst

- normales Papier, quadratisch, z. B. 21 cm x 21 cm
- Bleistift
- Lineal
- Bunt- und/oder Filzstifte/Textmarker

So geht's

Falls sich das Papier am Schluss NICHT wie eine Windmühle zusammenfalten lässt, hast du das Papier wahrscheinlich einmal zu wenig gewendet, und ein paar Knicke sind nun zur falschen Seite – kann das sein?

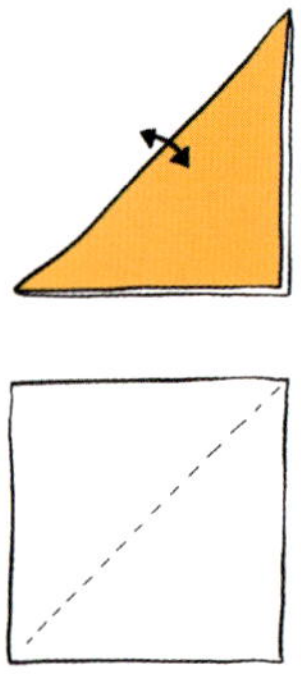

1 Falte das Papier zu einem Dreieck, ziehe die Faltkante scharf nach und öffne es wieder.

2 Falte das Papier andersherum zu einem Dreieck und öffne es wieder.

3 Jetzt wird das Papier in drei gleich große Spalten gefaltet. Messe hierfür die Seitenlänge des Papiers und teile sie durch drei. Wenn du ein A4-Papier benutzt hast, hat dein Quadrat die Maße 21 x 21 cm. Geteilt durch drei macht sieben. Mache bei 7 cm und bei 14 cm einen kleinen Strich an der Papierkante.

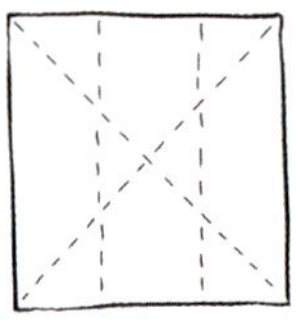

4 Falte das Papier an den beiden Markierungen und öffne es wieder.

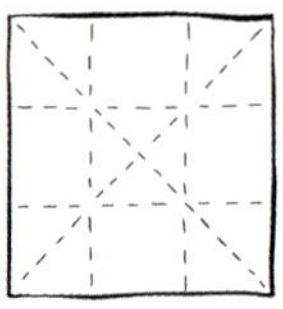

5 Wiederhole Schritt 3 und 4 in die andere Richtung, sodass dein Papier in neun gleich große Quadrate unterteilt wird.

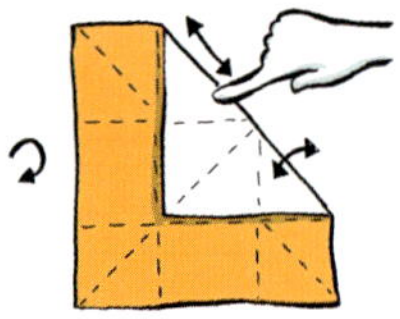

6 Nun werden in vier der Quadrate Extrafaltungen gemacht. Wende hierfür das Papier wie einen Pfannkuchen. Bringe die rechte obere Ecke, wie auf der Zeichnung zu sehen, Richtung unten links und ziehe die entstehende Faltkante NUR in dem mittleren oberen Quadrat nach. Öffne das Papier wieder.

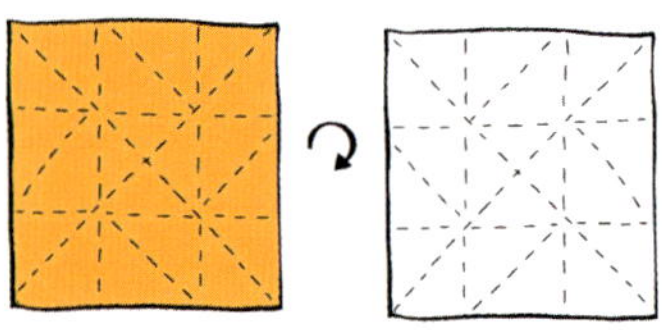

7 Drehe das Papier eine Vierteldrehung weiter und mache das Gleiche mit der neuen Ecke oben rechts. Wiederhole das noch zweimal, bis du alle vier Seiten durchhast. Wende das Papier erneut wie einen Pfannkuchen.

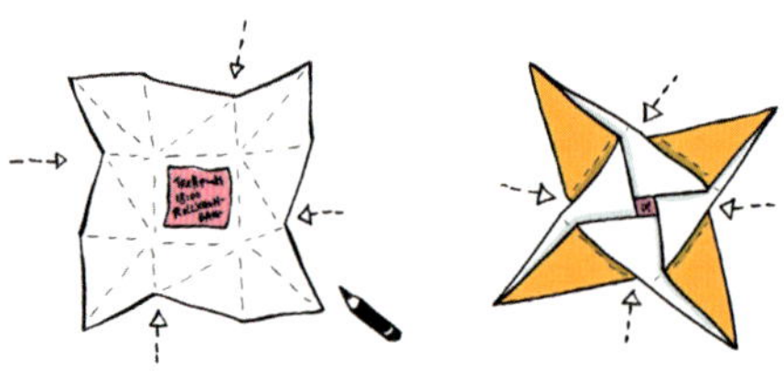

8 Nun bringst du den Geheimumschlag in Form. Drücke dazu langsam und gleichmäßig alle vier Seiten des Papiers zusammen, sodass sich eine Windmühlenform ergibt. Jetzt ist eine gute Gelegenheit, um deine geheime Botschaft in der Mitte der Windmühle verschwinden zu lassen.

Und wie versteckt man das Geheimnis?

Jetzt bekommt dein Geheimumschlag den doppelten Boden: Lege eine zweite, unbedeutende Nachricht auf die Mitte des Geheimumschlags. Das kann zum Beispiel ein falscher Treffpunkt oder ein einfacher Gruß sein. Knicke dann einen Windmühlenflügel um, sodass er auf der Mitte des Objekts liegt. Knicke den nächsten Flügel rechts davon um. Er liegt dann halb über dem ersten. Knicke nun den nächsten Flügel um und zum Schluss den letzten. Die Spitze des letzten Flügels schiebst du unter den ersten Flügel – ZACK, zu ist das Ding!

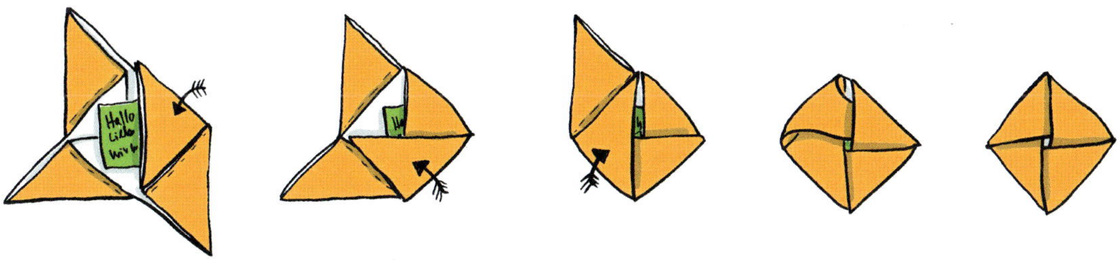

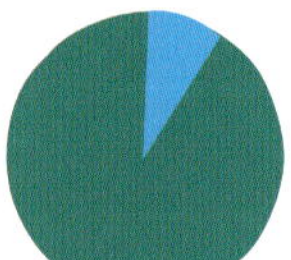

Zeitaufwand
Superschnell.
5 Minuten höchstens

SEHR SCHRÄGER BRIEFUMSCHLAG

Du brauchst

- ★ ein A4 großes Stück Papier
- ★ das zu versendende Objekt, ungefähr postkartengroß
- ★ Klebstoff oder einen Aufkleber
- ★ Briefmarke

Möchtest du eins deiner Papierobjekte verschicken und hast keinen Umschlag?

Dann kommt hier die Lösung für dein Problem. Du brauchst noch nicht mal weißes Papier. Dieser Umschlag kann aus allem Möglichen hergestellt werden: Magazinseiten, alte Landkarten, Geschenkpapier – schau mal in eurem Altpapier nach …

1 Lege dein Objekt auf dein Papier, sodass oben ein wenig Platz ist. Falls du noch etwas dazuschreiben möchtest, legst du deinen Brief dazu.

2 Falte die linke untere Ecke Richtung oben rechts. Aber nicht ganz bis zur oberen Ecke, sondern in etwa so, wie auf der Zeichnung zu sehen. Ziehe die Kanten scharf nach.

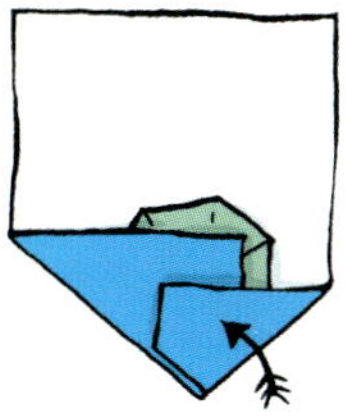

3 Die gefaltete Kante ist nun deine Richtlinie: Falte die rechte untere Ecke so Richtung oben links, dass die gefaltete Kante doppelt aufeinanderliegt. Es macht nichts, wenn dein Objekt noch etwas herausschaut.

4 Falte die linke obere Ecke nach unten rechts, wieder so, dass die Faltkante doppelt aufeinanderliegt.

5 Falte die letzte Ecke oben rechts rüber nach unten links. Wende das Objekt wie einen Pfannkuchen.

6 So langsam solltest du eine rechteckige Briefumschlagform erkennen. Falte den überstehenden Zipfel Papier um und klebe ihn fest, entweder mit Klebstoff oder mit einem Aufkleber.

Und was passiert jetzt?

Jetzt braucht dein Umschlag eine Briefmarke und die Adresse der Person, an die die Post gehen soll. Falls du ein farbiges, gemustertes Papier genommen hast, solltest du die Adresse lieber auf ein weißes Stückchen Papier schreiben und aufkleben, so hat es der Briefträger leichter!

GANZ GERADER BRIEFUMSCHLAG

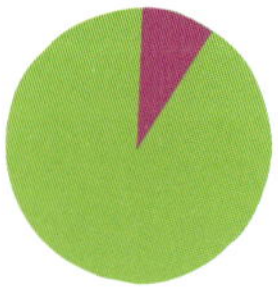

Zeitaufwand
Superschnell.
5 Minuten
höchstens

Dieser Umschlag verschließt sich sozusagen von selbst ...

... du brauchst keinen Aufkleber oder Klebestift. Man kann den Umschlag falten, ohne irgendetwas auszumessen, und es passt genau eine Postkarte hinein. Außerdem hat er richtig schön rechtwinklige Faltungen – extra für diejenigen von euch, die bei schrägen Faltungen Ausschlag bekommen!

Du brauchst

- ★ ein A4 großes Stück Papier
- ★ Bleistift
- ★ Briefmarke

1 Markiere dir auf dem Papier einen Punkt mit Bleistift. Für den Anfang ist etwa eine Handbreit vom rechten und unteren Rand super.

2 Falte die rechte Kante nach links bis zur Markierung und ziehe die Faltkante scharf nach.

3 Falte die obere Kante nach unten bis zur Markierung, ziehe die Faltkante nach.

4 Falte die linke Kante nach rechts bis zur Markierung.

5 Nun falte die untere Kante nach oben bis zur Markierung, ziehe die Faltkante nach und öffne die Faltung wieder. Jetzt ist ein guter Moment, um deinen Brief oder ein Papierobjekt in dem Brief zu verstauen.

Und wie schließt sich der Brief?

Öffne die rechte untere Ecke und stülpe die untere Kante nach innen. Du musst das Papier hier ein bisschen „überzeugen“. Streiche dann alles glatt. Es sollte nun aussehen wie ein verschlossener Pappkarton!

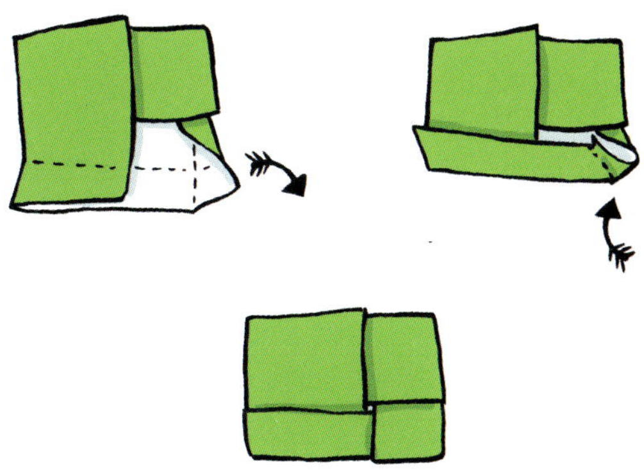

BASTELTRICKS

Für viele Papierobjekte in diesem Buch benötigst du ein paar grundlegende Papierbearbeitungs-Fähigkeiten. Aber keine Sorge, das ist nichts Kompliziertes, das lernst du blitzschnell! Hier kommen alle Basteltricks auf einem Haufen. So findest du sie immer schnell wieder.

So machst du richtig schöne

FALTKANTEN

Egal, ob Papierflieger, Flexagons oder Briefumschläge: Eigentlich alles, was du aus Papier bastelst, wird viel schöner, wenn du die Faltkanten scharf nachziehst! Dafür gibt es verschiedene Möglichkeiten.

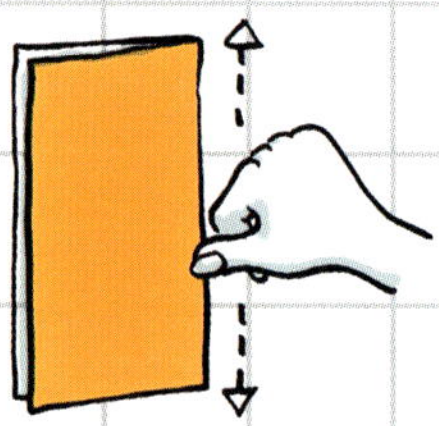

Fingernagel-Methode

Das kannst du mit deinen Fingernägeln machen, falls du welche hast, die lang und stabil genug sind.

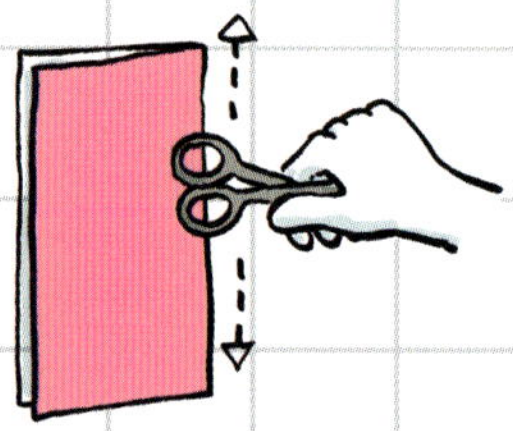

Scheren-Methode

Oder du fasst deine Schere falsch herum an und ziehst mit den runden Scherengriffen über die Faltkante.

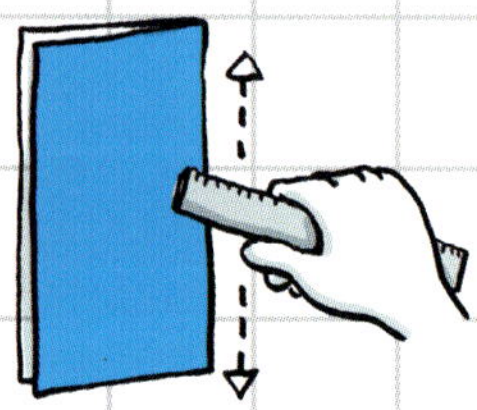

Lineal-Methode

Das Gleiche könntest du mit einem kleinen Lineal machen.

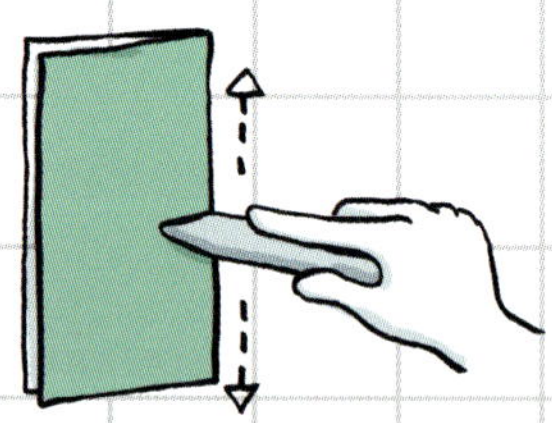

Falzbein-Methode

Ganz professionell ist ein Falzbein: Damit kannst du wie mit einem Buttermesser über die Faltkante streichen.

So schneidest du

A4-PAPIER ZUM QUADRAT

Das meiste Papier, das man so kaufen kann, hat ein seltsam rechteckiges Format, das DIN-A4-Format. Wer sich das ausgedacht hat, wusste wohl nicht: Ganz oft braucht man ein quadratisches Papier zum Basteln! Hier kommen zwei Methoden, wie du rechteckiges Papier in ein Quadrat verwandelst.

Du brauchst

- ★ A4-Papier
- ★ Bleistift
- ★ Schere

Die klassische Methode, mit schrägem Knick

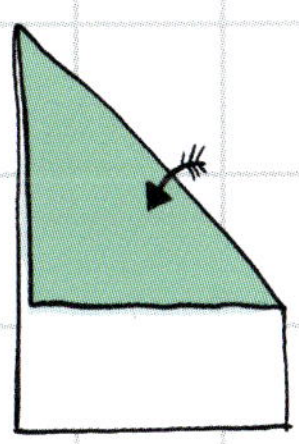

1 Falte die rechte obere Ecke des A4-Papiers schräg nach unten zur linken Kante. Es entsteht ein doppellagiges Dreieck.

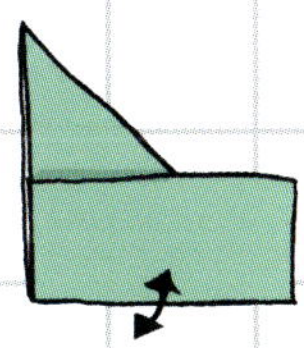

2 Knicke den unteren Streifen Papier über das Dreieck nach oben und ziehe die Faltkante nach.

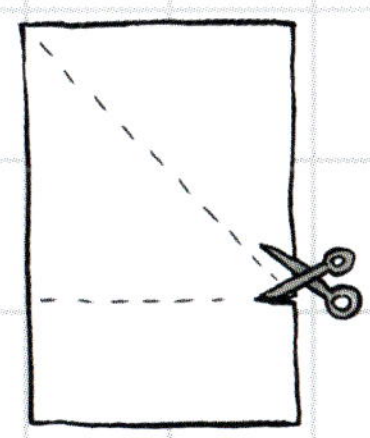

3 Öffne nun das Papier wieder und schneide den unteren Bereich an der Faltkante entlang ab.

Die schnelle Methode, ohne Knick

1 Lege ein Blatt A4-Papier längs vor dich auf den Tisch und ein anderes Blatt A4-Papier quer darüber, sodass die oberen Kanten genau aufeinander liegen.

2 Benutze nun die untere Kante des oberen Blatts wie ein Lineal und ziehe daran entlang eine zarte Bleistiftlinie auf dem unteren Blatt.

3 Schneide den unteren Bereich ab.

So schneidest du

GERADE PAPIERSTREIFEN

Bei manchen Papierobjekten kommt es nicht so darauf an, ob alles etwas krumm und schief wird. Aber falls du mal einen ganz geraden Streifen Papier brauchst, zum Beispiel für das Hexa-Flexagon von Seite 42, kannst du das mit dieser Methode machen. Am besten schneidest du gleich mehrere Streifen auf einmal zu!

Du brauchst

- ★ Papier, welches du in Streifen schneiden möchtest
- ★ Bleistift
- ★ langes Lineal
- ★ Schere

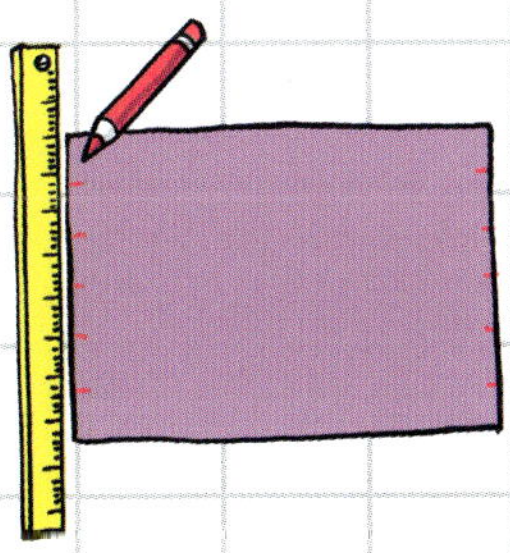

1 Wie breit soll dein Papierstreifen werden? Zum Beispiel 4 cm? Dann zeichne dir an den beiden Papierkanten links und rechts alle 4 cm kleine Markierungen an. Also je einen Strich bei 4, 8, 12, 16, 20 cm. Wichtig ist, dass du bei beiden Kanten von einer Seite aus misst, also entweder von unten aus oder von oben.

2 Lege dein Lineal so an, dass es links und rechts an den Markierungen liegt und verbinde sie mit einer Linie.

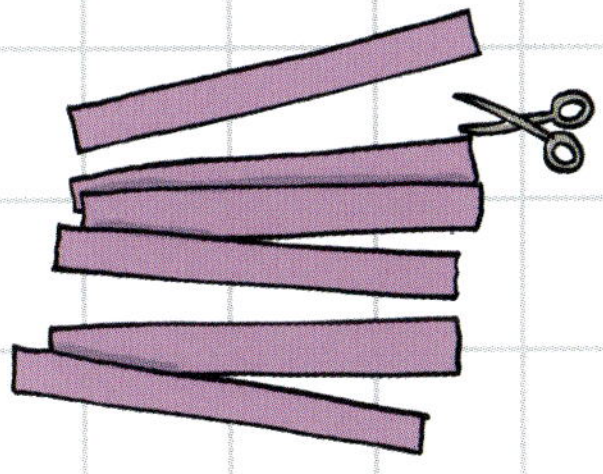

3 Schneide an der Linie entlang den Streifen ab.

So benutzt du ein

GEODREIECK

Du brauchst

- ★ Geodreieck
- ★ Bleistift
- ★ Papier zum Üben, (z. B. einen Streifen, 30 cm x 4,5 cm)
- ★ eventuell Schere

Dieses dreieckige Gerät braucht man im normalen Leben nicht besonders oft. Aber für das Entwerfen von Papierobjekten kann es sehr praktisch sein!

So sieht ein Geodreieck aus

Lineal

Diese Zentimeterskala kannst du wie ein Lineal benutzen.

Nullpunkt

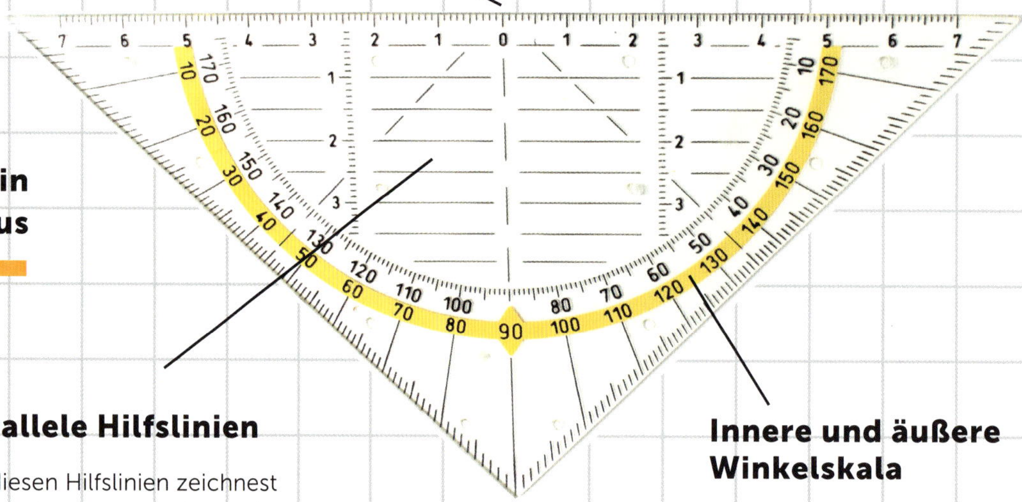

Parallele Hilfslinien

Mit diesen Hilfslinien zeichnest du parallele Linien – also Linien, die überall den gleichen Abstand zueinander haben.

Schiebe das Geodreieck so über die Linie, zu der die neue Linie parallel laufen soll, dass sie ganz genau unter einer der Hilfslinien liegt. Sollen die Linien einen größeren Abstand als 4 cm bekommen, musst du eine Zwischenlinie zeichnen.

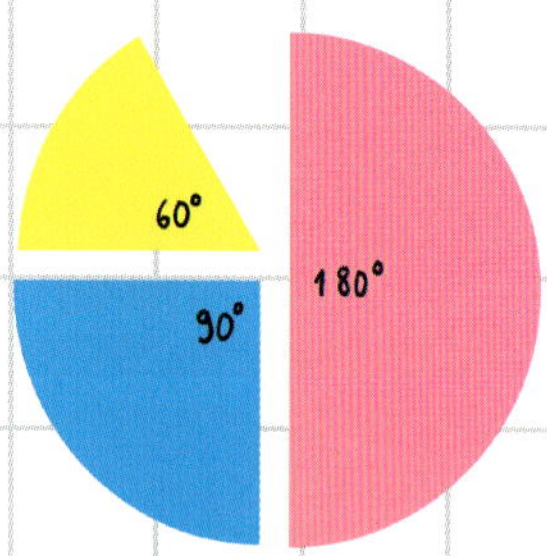

Innere und äußere Winkelskala

Winkel werden in Grad gemessen, das Zeichen dafür sieht so aus: °.

Ein ganzer Kreis hat 360°, besteht also aus 360 kleinen, gleich großen Tortenstückchen.

Ein halber Kreis hat dementsprechend 180°, und ein Viertelkreis 90°.

So bekommt ein Papierstreifen eine Spitze mit 60°-Winkel

Das Hexa-Flexagon von Seite 42 besteht aus einem Streifen mit lauter gefalteten gleichseitigen Dreiecken. Bei solchen Dreiecken sind die Seiten immer gleich lang und die Winkel der Ecken auch immer gleich groß: 60°. Deshalb muss der Streifen auch genau so eine Spitze bekommen.

1 Markiere dir auf einer Kante des Papierstreifens nah an der Ecke ein Kreuz – das ist dein „Scheitelpunkt“, hier endet die Spitze des Winkels.

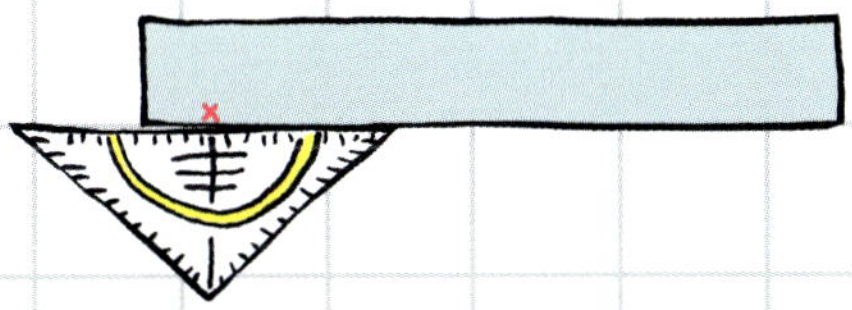

2 Lege dein Geodreieck neben den Papierstreifen, sodass die Zentimeterskala des Geodreiecks an der Papierkante und der Nullpunkt genau auf dem Kreuz liegt.

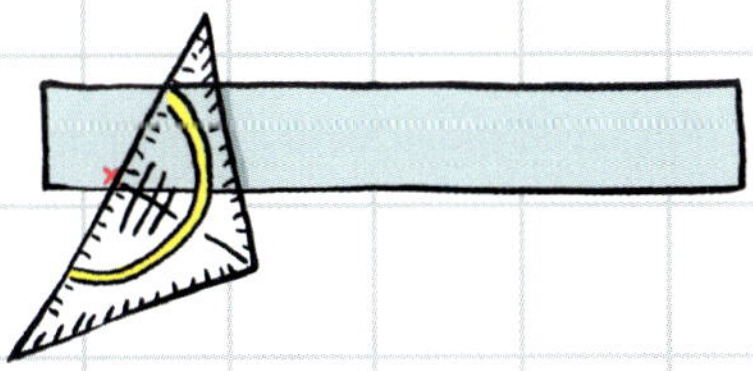

3 Drehe nun das Geodreieck so, dass die Papierkante genau durch die 60°-Markierung geht. Der Nullpunkt bleibt dabei genau beim Kreuz.

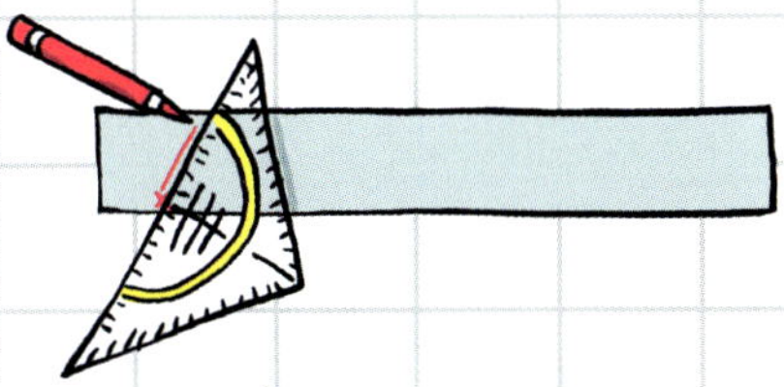

4 Ziehe eine Linie an der Zentimeterskala entlang. Es sollte wie in der Zeichnung ausschauen.

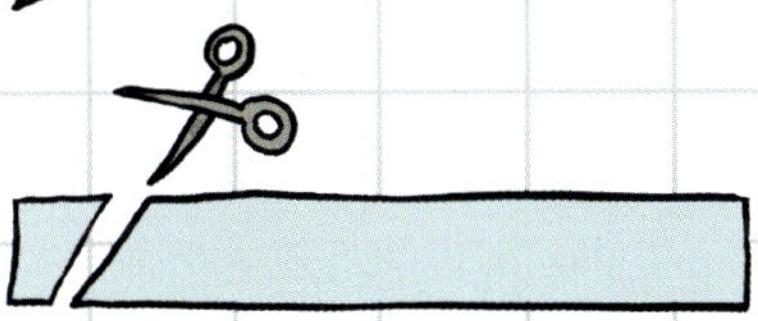

5 Jetzt kannst du das kleine Eckchen abschneiden, und dein Streifen hat eine 60°-Spitze.

So kannst du deine Papierobjekte

BEMALEN UND DEKORIEREN

Einige der vorgestellten Bastelideen wirken besonders gut, wenn man sie „dekoriert". Das ist zum Beispiel bei den Flexagons auf den Seiten 42 und 48 der Fall.

Im Prinzip kannst du dafür alle Stifte benutzen, die Federtasche oder Stifteschublade hergeben. Bei manchen Filzstiften musst du vorsichtig sein, sie „drücken" oder „schlagen" durch, das heißt, man sieht ihre Farbe auf der Rückseite. Sehr gut eignen sich Buntstifte und Textmarker. Die haben wir auch ganz viel benutzt, wie du auf den Fotos siehst …

PAPER

FAST TRACK
1989
CYCLING
WINDSURFING

APPLAUS!

Diese Menschen haben bei PAPER MAGIC mitgemacht.

Antje von Stemm hat sich das Buch ausgedacht. Sie hat die Texte geschrieben, die Gebrauchsanweisungen gezeichnet, die Fotos der Papierobjekte gemacht und auch die Videos gedreht. Antje ist Expertin für kreative Bastelbücher, Pop-up-Bücher und Video-Tutorials. Vielleicht hast du ihre Filme ja schon mal bei der „Sendung mit der Maus" gesehen? Einige ihrer Bücher wurden mit Preisen ausgezeichnet, u. a. mit dem Deutschen Jugendliteraturpreis und dem LUCHS. Antje veranstaltet gern Workshops für Kinder und Erwachsene in Schulen, Bibliotheken und auf Festivals. Mehr über sie und ihre Projekte erfährst du auf www.vonstemm.com, auf Instagram unter @antjevonstemm, auf TikTok und auf ihrem YouTube-Kanal. Dort heißt sie genauso wie sie selbst.

Aber Antje hat das Buch nicht ganz allein gemacht. Diese Leute haben gemeinsam mit ihr daran gearbeitet:

Markus Abele hat die tollen Fotos von dem Workshop-Tag im MUT-Theater gemacht. Markus lebt in Hamburg mit seiner Frau, seiner Tochter, seinem Hund und dem ständigen Gefühl, es sei zu kalt.

Kerstin Schürmann hat aus allen Einzelteilen, die Antje produziert hat, und den Fotos von Markus das Layout von PAPER MAGIC zusammengezaubert. Kerstin hat außerdem schon viele Cover für Kinder- und Jugendbücher gestaltet. Schau doch mal bei Instagram unter @formlabor nach, vielleicht hast du ja sogar eins davon in deinem Regal stehen.

Steffi Korda hat dieses Buch lektoriert, das heißt, sie hat genau geschaut, ob man den Text von Antje auch versteht, und alle Fehler herausgeangelt. Steffi hat bei verschiedenen Kinderbuchverlagen gearbeitet und ist seit vielen Jahren freie Kinderbuchlektorin und -autorin. Sie lebt mit ihrer Familie in Hamburg.

Rosa von Stemm hat die Musik und Sounds gemacht, die man in den PAPER-MAGIC-Videos hören kann. Rosa spielt unter anderem Klavier und Bass. Sie studiert Umweltwissenschaften und ist die Tochter von Antje.

Außerdem haben beim Gestalten der Papierobjekte ganz viele Kinder und Jugendliche mitgeholfen. Sie haben mit Antje im Atelier Freudenhammer Workshops gemacht und sich dann im MUT-Theater Hamburg zum Vorführen und Fotografieren getroffen.

Ein großes Dankeschön und ein dicker Applaus für:

Ada, Anna, Henri K., Henri W., Ida, Jolien, Lily, Luise, Mila, Nil, Orla, Philine, Rama und Tamika!

Zusätzlich haben Hannah und Rosa bei den Workshops assistiert. Leider konnten nicht alle Kinder an dem Fotoshooting teilnehmen. Auf den Fotos fehlen Ada, Lily, Orla und Tamika. Aber die gebastelten Objekte der vier könnt ihr trotzdem in diesem Buch entdecken.

Fotos von Ada, Lily, Orla und Tamika findest du ganz hinten im Buchumschlag. Schau doch mal nach, ob du sie entdeckst!

ZUGABE!

Die Papierobjekte, die in PAPER MAGIC erklärt werden, hat sich Antje nicht alle selbst ausgedacht, zum Teil sind die schon uralt! Antje hat sie gesammelt, einige etwas abgewandelt und alle neu erklärt. Dabei haben ihr folgende tollen Bücher geholfen:

Esther K. Smith,
Magic Books and Paper Toys/Potter Craft 2008
nur auf Englisch und leider vergriffen

E. Richard Churchill,
Paper Tricks and Toys/Sterling Publishing 1993
nur auf Englisch und leider vergriffen

Paul Jackson,
Vom Faltobjekt zum Werbeträger/Haupt Verlag 2013
leider auch vergriffen

Impressum

Illustrationen
Antje von Stemm, D-Hamburg

Umschlag, Gestaltung und Satz
Kerstin Schürmann, formlabor, D-Hamburg

Lektorat
Steffi Korda, D-Hamburg

Fotografien der Kinder im Workshop/Theater
Markus Abele, D-Hamburg

Alle anderen Fotos
Antje von Stemm

Videos
Antje von Stemm

Sound
Rosa von Stemm

1. Auflage: 2022

ISBN 978-3-258-60249-3

www.haupt.ch

Wir verwenden FSC®-Papier. FSC® sichert die Nutzung der Wälder gemäß sozialen, ökonomischen und ökologischen Kriterien.

Gedruckt in Italien

FSC
www.fsc.org
MIX
Papier | Fördert gute Waldnutzung
FSC® C015829

Diese Publikation ist in der Deutschen Nationalbibliografie verzeichnet. Mehr Informationen dazu finden Sie unter http://dnb.dnb.de.

Der Haupt Verlag wird vom Bundesamt für Kultur für die Jahre 2021–2024 unterstützt.

Wir verlegen unsere Bücher mit Freude und großem Engagement. Daher freuen wir uns immer über Anregungen zum Programm und schätzen Hinweise auf Fehler im Buch, sollten uns welche unterlaufen sein. Falls Sie regelmäßig Informationen über die aktuellen Titel im Bereich Gestalten erhalten möchten, folgen Sie uns über Social Media oder bleiben Sie via Newsletter auf dem neuesten Stand.

fritz-kola

MAGIC